Am 24. Februar 2022 marschierte der russische Fallschirmjäger Pawel Filatjew mit seinem Regiment in die Ukraine ein. Er war am Angriff auf Cherson beteiligt, saß in den Schützengräben um Nikolajew. Nach zwei Monaten an der Front wurde er verwundet. Im Lazarett schrieb er auf, was er gesehen und erlebt hatte: Verwüstung, Leichen, ratlose, verängstigte Befehlshaber, marodierende Truppen, eine kaputte Armee und Plünderer.

Auf seinem Handy tippte er sich alles von der Seele, betitelte den Bericht *ZOV* – eine Anspielung auf das Prokriegssymbol *Z* auf Putins Panzern und gleichzeitig das russische Wort für »Aufruf« – und veröffentlichte ihn im Internet. Schon kurz danach sah Pawel Filatjew sich gezwungen, die Heimat zu verlassen, er verstieß mit dem Bericht gegen zahlreiche Gesetze.

In Russland drohen ihm mindestens zwanzig Jahre Haft. Er wird für den Rest seines Lebens auf der Flucht sein. Denn er hat sich entschlossen, nicht mehr mitzumachen – und Zeugnis abzulegen. Seine schonungslos erschütternden Aufzeichnungen geben der Welt einen bisher unbekannten Einblick in das Töten und Sterben in der Ukraine.

PAWEL FILATJEW

ZOV

DER VERBOTENE BERICHT

EIN RUSSISCHER FALLSCHIRMJÄGER PACKT AUS

Aus dem Russischen
von Maria Rajer

HOFFMANN UND CAMPE

Anmerkung des Autors zur Buchausgabe

In diesem Buch beschreibe ich Ereignisse, die ich gesehen und selbst erlebt habe und an denen ich beteiligt war: meinen Dienst im 56. Luftsturmregiment vor dem Ukrainekrieg, den Einmarsch der russischen Streitkräfte in die Ukraine und die ersten zwei Monate des Krieges. Außerdem schildere ich persönliche Gedanken und Gefühle bezüglich dessen, was zu der Zeit in Russland passiert ist. Ich äußere mich bewusst nicht zu Ereignissen, die im späteren Verlauf des Krieges bis heute stattgefunden haben, da ich kein direkter Zeuge war und bin.

2. Auflage 2022

www.hoffmann-und-campe.de
Umschlaggestaltung: © Rothfos & Gabler, Hamburg
Coverabbildung: © JetKat / Shutterstock
Satz: Dörlemann Satz, Lemförde
Gesetzt aus der Garamond Pro und der PLAK LT
Druck und Bindung: GGP Media GmbH, Pößneck
Printed in Germany
ISBN 978-3-455-01614-7

Acht Wochen ist es her, dass ich aus dem Krieg in der Ukraine zurück bin. Jaja, ich weiß, man darf das Wort »Krieg« nicht sagen, es wurde in Russland verboten, aber ich sage trotzdem »Krieg«. Ich bin 33 Jahre alt und habe in meinem Leben immer nur die Wahrheit gesagt, auch wenn ich mir selbst damit geschadet habe. So bin ich nun mal, ich kann nichts dagegen machen.

Also, es ist Krieg: Unsere russische Armee schießt auf die ukrainische, und die schießt zurück, es explodieren Granaten und Raketen. Hast du je das Geräusch einer näher kommenden Granate gehört? Wenn nicht: schade! Es ist ein unvergessliches Gefühl, die Luft vibriert und pfeift, die Eingeweide drehen sich dir um, der Atem stockt. Dann hörst du, wenn du Glück hast, die Explosion und begreifst, heute ist dein Tag, natürlich nur, wenn die Detonationswelle dir nichts abgerissen hat und keine Splitter in deinem Körper stecken. Und wenn es anders läuft, nun ja, dann hast du eben einen schlechten Tag, hast diesmal Pech gehabt. Soldat zu sein hat eben so seine Tücken.

Auf beiden Seiten sterben wir, die Soldaten, und außerdem noch einige Zivilisten, die durch einen »glücklichen« Zufall genau dort wohnen, wo jemand beschlossen hat, einen Krieg anzufangen und ihn »militärische Spezialoperation« zu nennen.

Ach ja, und was natürlich auch zu einem Krieg gehört: Hunger, Krankheiten, schlaflose Nächte, mangelnde Hygiene und ein permanenter Überschuss Adrenalin im Blut, der alle Ressourcen deines Körpers aufbraucht, um Kraft, Schnelligkeit und Reaktionsvermögen zu steigern. Wenn du aber von den Kampfhandlungen zurück bist, fühlst du dich platt wie eine Flunder, und dir wird klar, dass deine Gesundheit nicht mehr die ist, die sie einmal war.

Hinzu kommt der moralische Druck deines Gewissens – wenn du eins hast, versteht sich –, denn du kommst nicht umhin, dich zu fragen, warum du das tust und für wen. Wozu riskierst du dein Leben und ruinierst deinen Körper? Wozu besudelst du dein vielleicht auch so schon nicht ganz makelloses Karma?

Ich will erzählen, wie ich diesen Krieg erleben musste und wie ich überhaupt dorthin geraten bin. Ich bin mir der Verantwortung für die Verbreitung von Informationen über meinen Einsatz bewusst, aber sie geheim zu halten hieße, die Verluste noch größer werden zu lassen.

24.02.2022, 00:00

Wir fahren seit einer Weile an irgendwelchen Feldern vorbei. Es hat geregnet, die Straßen sind voller Schlamm. Als ich aufwache, ist es vermutlich gegen zwei Uhr nachts. Die Kolonne hat sich in mehreren Reihen neben Bahngleisen im Nirgendwo formiert, die Motoren sind aus, die Scheinwerfer auch. Dann kommt das Kommando, sich weiße Streifen umzubinden – linker Arm, rechtes Bein –, damit wir uns vom Feind unterscheiden. Schon wird Malerkrepp herumgereicht.

Als wir am 19. Februar vom Truppenübungsplatz aufgebrochen sind, haben sie weiße Querstreifen auf die Fahrzeuge gemalt. Am Abend des 23. Februar, dem Tag des Verteidigers des Vaterlandes, wurden die Fahrer angewiesen, einen Streifen dazu zu malen, damit ein Häkchen, ein liegendes V, herauskommt. Und jetzt, als wir alle an den Gleisen stehen und damit beschäftigt sind, im Dunkeln unsere linken Arme und rechten Beine zu umwickeln, kriegen die Fahrer den Befehl, einen dritten Streifen an die Fahrzeuge zu malen. Aus dem V wird ein Z.

Während wir neben den dicht an dicht stehenden Fahrzeugen warten, unsere Arme und Beine markieren, reden und rauchen, versuchen die Jungs aus dem Nachbarwagen mit den Geschützen mich zu überreden, zu ihnen zu kommen: Sie haben statt fünf nur drei Männer für die Geschütze. In der Dunkelheit taucht ihr Zugführer, ein junger Leutnant, auf und sagt, sie könnten wirklich noch ein paar Hände gebrauchen, ich solle doch rüberkommen.

Ich greife mir Maschinengewehr und Helm und mache mich zum URAL neben mir auf, ich denke mir, vielleicht kann ich mich da nützlich machen, obwohl ich von Mörsern eigentlich nichts verstehe. Ich werfe Rucksack und Helm auf die Ladefläche und kraxele in vollkommener Dunkelheit über die hochgeklappte Bordwand. Beim Darüberklettern bleibe ich mit den Ersatzmagazinen in den Taschen meiner Schutzweste hängen, kippe kopfüber in die

Ladefläche und schreie vor Schmerz auf. Mir ist, als wäre in der Dunkelheit ein greller Blitz in mein Auge eingeschlagen.

Ich begreife gar nichts. Auf der Ladefläche hockend, halte ich mir mein rechtes Auge. Ich fühle etwas Nasses und einen starken Schmerz … Ringsum ist alles dunkel, jemand neben mir ratscht mit dem Feuerzeug, will mir ins Gesicht leuchten. Ich nehme die Hand weg und versuche zu verstehen, ob ich mit beiden Augen oder nur mit einem sehe. Dem Typen mit dem Feuerzeug entfährt ein »Oh, scheiße!«.

Sofort will ich wissen, ob mein Auge noch an seinem Platz ist. Mit dem Feuerzeug herumfuchtelnd, antwortet er: »Keine Ahnung, lass mich gucken.«

Ich sehe Blut an meiner Hand, fühle, wie mir etwas warm das Gesicht herunterläuft. Zum Glück ist das Auge heil geblieben, aber ich habe mir das obere und das untere Lid zerfetzt. Im schwachen Lichtschein wird mir klar, dass ich mit dem Gesicht voraus gegen den Henkel eines Thermobehälters für Fraß geknallt bin. Wütend verpasse ich ihm einen Tritt. Blicke um mich, sehe den jungen Mörserschützen. Die ganze Ladefläche ist voll mit Minenkisten, Mörsern, Dreibeinen, Richtkreisen. Offensichtlich müssen wir auf den Kisten sitzend fahren. Ich frage mich, wozu ich mir das mit 33 antue, als hätte ich im Kaukasus noch nicht genug erlebt. Wäre ich mal still bei meiner Kompanie geblieben. Wenigstens ist das Auge noch drin. Wir rauchen, stellen uns einander vor und schlafen ein.

Im April wurde ich von der Front bei Nikolajew evakuiert, weil ich eine schwere Hornhautentzündung hatte. Bei einem

Beschuss war Erde in den Schützengraben geschleudert worden und mir in die Augen geflogen; nicht gerade angenehm, aber im Grunde nicht der Rede wert, Glück gehabt. Die Augen entzündeten sich jedoch, eins ließ sich gar nicht mehr öffnen, und ein paar Tage später sagte der Feldarzt, ich müsse evakuiert werden. Wenn man das nicht behandle, könnte ich das Auge verlieren. Also wurde ich in ein Feldlazarett im damals schon von uns besetzten Cherson gebracht und von dort nach Sewastopol evakuiert.

Es ist schwer zu beschreiben, was man fühlt, wenn man aus einem Kampfgebiet evakuiert wird …

Zwei Monate Kälte, Dreck, Schweiß und die Allgegenwart des Todes. Schade, dass man keine Reporter zu uns an die Front lässt, ansonsten könnte das ganze Land seine Fallschirmjäger bewundern: unrasiert, schmutzig, abgemagert und wütend. Ich weiß nicht, was sie wütender macht, die sturen Ukrainer, die sich nicht entnazifizieren lassen wollen, oder die eigene unfähige Leitung, die ihre Soldaten nicht einmal bei Kampfhandlungen mit der nötigen Ausrüstung versorgt. Die Hälfte unserer Jungs läuft in ukrainischen Uniformen herum, weil sie qualitativ hochwertiger und bequemer sind oder weil die eigene längst aufgetragen und unser großartiges Land nicht in der Lage ist, seine Armee mit Kleidung, Essen und Ausrüstung auszustatten. Ich hatte zum Beispiel von Anfang an keine Ratnik-Ausrüstung und beim Überqueren der Grenze nicht einmal einen Schlafsack. Nach einer Woche trieben die Jungs – wohlgemerkt, nicht die Kommandeure – einen Schlafsack mit kaputtem Reißverschluss für mich auf. Dass ich mich darüber gefreut habe, ist gar kein Ausdruck. Aber im Winter an der Front in einem offenen Schlafsack zu schlafen (in der Ukraine war im März noch Frost), ist auch nicht gerade ein Vergnügen. Nach einigen Wochen fingen meine Beine und der Rücken an zu schmerzen. Ich dachte, es wären die Muskeln oder Sehnen, und biss stumpf die Zähne zusammen, lief hinkend herum und schob es darauf, dass wir die Schutzwesten und Helme so gut wie nie ablegen konnten. Später erfuhr ich, dass ich mir vom Schlafen auf dem frostigen Boden, dem Mangel an Essen und Wasser und obendrein der körperlichen Anstrengung eine Osteochondrosis aller Wirbel und mehrere Bandscheibenvorfälle im Nacken und unteren Rücken zugezogen hatte, dazu kamen unerklärliche Schmerzen in den Beingelenken.

Aber zurück zur Evakuierung. Zwei Monate bist du an der Front und dann zack, bringt man dich weg, und du empfindest gleichzeitig Freude darüber, dass du diesem Irrsinn entkommst, und Ärger, weil deine Kameraden bleiben und es völlig unklar ist, was mit ihnen passiert; das Gefühl des eigenen Glücks vermischt sich mit einem Schuldgefühl gegenüber deinen Kameraden, die du zurücklässt.

Wir fuhren mit einem PAZ-Minibus. Zwanzig Verwundete: schmutzig, ausgemergelt, die Uniformen blutverschmiert. Auf den Gesichtern der Schwerverwundeten lagen Schmerz und Schwermut, während die, die nur ein paar Kratzer davongetragen hatten, erleichtert aussahen, endlich dort wegzukommen. Weil ich nicht verwundet war, galt ich als Kranker und saß auf den Treppenstufen an der Tür (es gab nicht genug Sitzplätze für alle, aber das machte mir nichts aus, denn viele der Männer dort hatten ganz offensichtlich deutlich weniger Glück gehabt als ich). Wir fuhren fünf, sechs Stunden, ganz genau weiß ich es nicht mehr. Das war der Moment, als ich ins Nachdenken über die letzten zwei Monate meines Lebens kam, darüber, was das eigentlich gewesen war, ob ich etwas Gutes getan hatte oder, im Gegenteil, etwas Schlechtes, weshalb ich mitgemacht hatte und wie ich überhaupt dorthin geraten war. Seitdem hört dieser innere Monolog nicht auf, ein Cocktail aus Gewissen, Patriotismus und gesundem Menschenverstand.

Wenn man an der Oberfläche bleibt, ist die Antwort einfach: Ich bin Soldat, Fallschirmjäger. Es ist meine Pflicht, Befehle auszuführen. Ich habe kein Recht, zu kneifen und nicht in den Krieg zu ziehen, wenn einer ausbricht. Es ist meine Pflicht, dem Wohl meines Landes zu dienen und die Bürger Russlands zu beschützen. Doch da schaltet sich der gesunde Menschenverstand ein und beginnt Fragen zu stellen.

»Hat die Ukraine Russland bedroht?«

Alle sagen, die Ukraine wolle der NATO beitreten. Aber greifen wir etwa alle Länder an, die in die NATO wollen? Litauen, Lettland, Estland, Polen sind schon in der NATO. Finnland tritt jetzt bei. Vor nicht allzu langer Zeit haben die Türken ein Flugzeug von uns abgeschossen, aber das haben wir schnell vergessen. Mit Japan streiten wir über die Kurilen. Im Osten grenzen wir an die USA, verdammt noch mal. Aber das alles sind anscheinend keine Gründe, einen Krieg anzufangen. Diese Länder greifen wir ja auch nicht an, oder kommt das noch?

Nein, daran kann es nicht liegen.

»Wenn wir die Ukraine nicht angegriffen hätten, hätte sie uns angegriffen?«

Viele glauben dem Fernsehen, wir seien mit unserem Angriff den Ukrainern zuvorgekommen. Aber wie kann man glauben, dass die Ukraine Russland oder die Krim hätte angreifen können, wenn doch die ukrainischen Streitkräfte nicht einmal ihre eigenen Grenzen halten konnten? Sie führen einen Verteidigungskrieg, und sie erleiden dabei enorme Verluste. Jeder weiß, dass es einfacher ist zu verteidigen, als einen Angriff zu unternehmen. Wie hätte dieses Land, das sich nur mit Mühe verteidigt und langsam, aber dennoch Gebiete verliert, selbst angreifen sollen? Und wäre es für unsere Armee in diesem Fall nicht einfacher gewesen, den Grenzschutz und die Verteidigungsstellungen an der Grenze zur Ukraine zu verstärken und im Fall eines Angriffs ihre Truppen zu zerschlagen und zur Gegenoffensive überzugehen? In einem solchen Fall wären unsere Verluste weitaus geringer gewesen, und die Weltgemeinschaft könnte uns nicht vorwerfen, ein Aggressor und Besatzer zu sein. Dann ist die Behauptung, dass die Ukraine Russland angreifen wollte, also auch nicht wahr.

»In der Ukraine wütet der Faschismus, und sie unterdrücken die russische Bevölkerung?«

Ich kenne viele Menschen, die vor dem Krieg in der Ukraine gewesen sind, und merkwürdigerweise hat nie jemand erwähnt, dort unterdrückt worden zu sein oder diskriminiert wegen seines russischen Namens oder weil er nicht Ukrainisch sprechen konnte. Und Einzelfälle von alltäglichen Konflikten, bei denen die Nationalität mit reinspielt, finden sich doch überall auf der Welt.

»Wir mussten angreifen, um die Volksrepubliken Donezk und Lugansk zu retten?«

Was sind die Volksrepubliken Donezk und Lugansk? Faktisch und juristisch sind es doch zwei Regionen, die Teil der Ukraine waren, dann gab es einen Aufruhr, und sie entschieden sich für die Unabhängigkeit. Aber was, wenn Karelien Teil von Finnland werden wollte oder die Oblast Smolensk Teil von Litauen, die Oblast Rostow Teil der Ukraine, Jakutien Teil der USA oder Chabarowsk Teil von China? Ist das etwa nicht das Gleiche? Warum beschützen wir die Volksrepubliken Donezk und Lugansk? Geht es den einfachen Leuten im Donbass dadurch besser? Jedenfalls haben wir als Russische Föderation uns das nicht gefallen lassen. Als Tschetschenien die Unabhängigkeit wollte, haben wir sie nicht gehen lassen und das mit Tausenden Menschenleben bezahlt. Warum unterstützen wir jetzt also das Gleiche bei unserem Nachbarn? Die Führung der Republiken Donezk und Lugansk konnte ihren Einwohnern trotz der Unterstützung durch die Russische Föderation keine soziale Versorgung und Sicherheit gewährleisten, weswegen die Menschen massenhaft nach Russland, auf die Krim oder in die Ukraine geflohen sind. Ich habe solche Leute getroffen, und sie haben mir nie etwas von dem Faschismus erzählt, von dem in unseren Medien ständig die Rede ist. Stattdessen sagten sie, dass sie vor dem Krieg geflohen sind und einfach in Ruhe leben und arbeiten wollen.

Wenn wir wirklich versuchen, den Menschen aus Donezk und Lugansk zu helfen, warum beschränken wir uns nicht darauf, allen, die es wollen, russische Pässe auszustellen? Russland ist groß genug, wir haben so viel Land, auf das noch nie ein Mensch seinen Fuß gesetzt hat, sollen sie doch zu uns kommen und hier leben und arbeiten. Wozu brauchen wir das Gebiet eines anderen Staates? Reicht uns unseres etwa nicht? Wären alle, die in Russland leben wollen, nicht längst zu uns gekommen?

24.02.2022, 04:00

Gegen vier Uhr morgens mache ich die Augen wieder auf, ich höre Lärm, Getöse, die Erde bebt, scharfer Geruch von Schießpulver liegt in der Luft. Ich schlage die Plane zurück und sehe nach draußen: Salven erhellen den Himmel, im Dunkeln leuchten Wolken oder Rauch. Rechts und links von unserer Kolonne stehen Raketenartilleriebataillone, man hört das Donnern von Geschützen, irgendwo hinter uns, wie mir scheint.

Die Luft ist durchtränkt von Panik, der Schlaf wie weggeblasen, verschwunden auch die Erschöpfung aufgrund des wenigen Essens, des Fehlens von Wasser und Erholung. Keine Ahnung, was passiert. Wer schießt von wo auf wen? Eine Minute später habe ich mir eine Zigarette gedreht, um richtig aufzuwachen. Ich begreife, dass das Feuer vom Kopf unserer Kolonne geführt wird, zwanzig, dreißig Kilometer voraus. Langsam wachen alle auf, stecken sich Zigaretten an, es geht ein Raunen durch die Menge: »Jetzt geht's los.«

Wahrscheinlich haben wir einen Plan …

Ich rauche auf und versuche das Gesehene zu verarbeiten, spüre, wie Adrenalin durch meine Adern schießt, mit ihm kommt eine Ladung Kraft, ungewöhnliche Klarheit und Genauigkeit im Denken – und die beunruhigende Erkenntnis, dass es kein Szenario à la »Die Krim gehört uns« geben wird. Mich überkommt die klare Vorahnung, dass wir am Arsch sind. Trotzdem kapiere ich nicht, was vor sich geht. Beschießen wir die angreifenden Ukrainer? Die NATO? Oder greifen wir an? Wem gilt dieser höllische

Beschuss? Wo kommt die Fernartillerie her? Gab es ein Referendum in den Volksrepubliken? Nehmen wir Cherson ein? Greift uns die Ukraine an, mit Hilfe der NATO?

Wie dem auch sei, wir haben sicher einen Plan.

Die Armee ist so organisiert, dass niemand Fragen stellt. Und wie es aussieht, erreichen die Befehle auch die Kommandeure nur stufenweise. Je höher der Rang, desto mehr weiß man. Als Fallschirmjäger und Zeitsoldat bin ich im Grunde nichts anderes als ein Hengst, der zur Kastration geführt wird. Mir erklärt keiner was, ich kann nur die Waffe hinschmeißen und wie ein Feigling zurückrennen oder allen anderen folgen.

Früher war ich mal Pferdetrainer, ich war sogar ziemlich erfolgreich. Aber dann bin ich offenbar verrückt geworden und habe mich dafür entschieden, noch einmal zur Armee zu gehen.

Einmal haben ein Kumpel und ich ein Dutzend wilder junger Hengste gekauft, die zur Schlachtung bestimmt waren. Wir dachten uns, wenn sie der Tod auf der Schlachtbank erwartet, kaufen wir sie lieber zum Einkaufspreis von Fleisch, kastrieren sie, trainieren sie ein bisschen und verkaufen sie weiter. Dann bleiben die Hengste am Leben, und wir machen sogar noch ein bisschen Gewinn. Obwohl es uns beiden nicht ganz geheuer war und wir aufrichtiges Mitleid mit den Hengsten hatten, haben wir diese schmutzige Arbeit erledigt, haben den Pferden also quasi das kleinere Übel angetan – zumindest haben wir uns das eingeredet.

Worauf ich eigentlich hinauswill: Um wilde Hengste zu kastrieren, muss man sie zumindest ein bisschen zähmen, damit sie zulassen, dass man ihnen Zaumzeug anlegt und sie führt. Diese Hengste waren schon volle zwei Jahre alt, mit bloßer Kraft kriegt man die nicht mehr; deswegen muss man sich jede mögliche List einfallen lassen, was nicht ganz ungefährlich ist. Wenn ein Hengst dann gehorchte und sich Zaumzeug anlegen ließ, führten wir ihn in die Box, und statt der üblichen Belohnung am Ende eines Trainings schmissen wir ihn auf den Boden, fesselten ihn und schnitten ihm die Eier ab.

Der Hengst hatte natürlich nicht die geringste Ahnung, was ihm bevorstand. Er war es gewohnt, dass, wenn man ihm befahl, irgendwohin zu gehen, es besser war, das zu tun – dann nervte ihn niemand, und am Ende gab es auch noch ein Stück Zucker. Das Gleiche gilt für einen Zeitsoldaten bei der Armee: Geh hierhin, geh dorthin, feiner Junge, gut gemacht, und jetzt dorthin. Und eines schönen Tages bringt man dich dann plötzlich irgendwohin, wo du total am Arsch bist. Aber du wurdest gut dressiert: Du willst nicht verstehen, du machst einfach. Heute weiß ich, dass man mich benutzt hat, genauso wie ich damals die Pferde benutzt habe – mal durch List (Medien und Patriotismus), mal durch Gewalt (Gesetz und Strafe), mal mit Zucker (Gehalt), mal mit Lob (Auszeichnungen und Beförderungen).

Irgendwo ganz oben sitzt ein Typ, der schlauer, stärker ist und mehr weiß. Er benutzt die gleichen Mittel, die ich benutzt habe, um die Pferde dorthin zu bringen, wo ich sie haben wollte. Die Frage ist nur, welches Ziel er verfolgt: Wählt er das geringere Übel, macht er Geld wie ein Tierarzt, der den Eingriff vornimmt, will er die Pferde gefügiger machen oder ist er einfach ein Sadist? Die Antwort kennt niemand außer ihm.

Oh, verzeihen Sie, ich habe mich nicht vorgestellt: Unteroffizier Filatjew, 6. Luftsturmkompanie, 2. Luftsturmbataillon, 56. Luftsturmregiment, 7. Garde-Luftsturmdivision.

Ganz genau, Unteroffizier des 56. Luftsturmregiments, das unser Verteidigungsminister Sergej Schoigu kurz vor dem Krieg aufgelöst hat – wahrscheinlich damit Russland und die Ukraine die gleichen Chancen haben. Letztes Jahr wurde das Regiment aufgelöst, ein eingespieltes, funktionierendes und gut ausgerüstetes Regiment von dreitausend Fallschirmjägern, bestehend aus drei Sturmbataillonen, einem Fallschirmjägerbataillon, einem Aufklärungsbataillon und einem Panzerbataillon mit eigener Artillerie und Flugabwehr. Sie haben ein Regiment aufgelöst, in dem es fast keine freien Stellen gab, das zwanzig Jahre lang in Kamyschin erschaffen wurde! Sie haben es aufgelöst und die Leben unzähliger Familien zerstört, indem sie es quer über das ganze Land verteilt haben.

Aus den Resten haben sie ein neues Regiment gemacht – aber was heißt hier Regiment! Sie haben gerade mal ein Fallschirmjägerbataillon gelassen, das sie nach Feodossija auf die Krim verlegt und mit dem 171. selbstständigen Luftsturmbataillon zusammengelegt haben. Aus diesen zwei Bataillonen haben sie ein sogenanntes Regiment formiert und ihr eine Aufklärungskompanie an die Seite gestellt, die in ihrer Größe eher einem Zug gleicht. Als sei das nicht genug, ist auch das Luftsturmbataillon nicht vollzählig. Und als sei das immer noch nicht genug, haben unsere großen Reformatoren auch noch beschlossen, ein »experimentelles Nachtluftsturmbataillon« zu bilden und das gesamte Bataillon in gewöhnlichen, ungepanzerten UAZ-Kleintransportern loszuschicken!

Das war der Zustand, in dem wir in dem Krieg geschickt wurden. Ich habe vergessen zu erwähnen, dass mein Bataillon aus drei Kompanien bestand. Meine Kompanie zog mit einer Stärke von etwa fünfundvierzig Mann in den Krieg, die anderen beiden mit etwa sechzig, insgesamt also ein Luftsturmbataillon aus hundertfünfundsechzig Mann – genial! Aber was sag ich da, in den Berichten sieht das doch viel besser aus, da besteht ein Bataillon aus fünfhundert Mann, weswegen man bei Ausbruch des Krieges auf zweihunderttausend Soldaten an der Grenze zur Ukraine kam.

Unter Berücksichtigung der korrupten Berichterstattung und der systematischen Vertuschung von Problemen kann man annehmen, dass am ersten Tag wohl etwa hunderttausend russische Soldaten die ukrainische Grenze überschritten haben, und das gegen gut zweihunderttausend Soldaten der ukrainischen Streitkräfte.

24.02.2022, am Morgen

Die Kolonne erwacht langsam zum Leben und setzt sich in Bewegung. Ich sehe, wie meine eigentliche Kompanie an mir vorüberzieht, und mich überkommt ein merkwürdiges Gefühl: Obwohl ich sie gestern, ohne zu zögern, verlassen habe, wäre ich jetzt, im Augenblick der Gefahr und der Ungewissheit, lieber bei ihr, wie ein Pferd, das es bevorzugt, sich bei seiner Herde aufzuhalten. Sind wir uns wirklich so ähnlich? Das mag für manche Leute wie der größte Unsinn klingen, aber ich möchte alles aufrichtig erzählen und die Gefühle und Gedanken, die ich habe, nicht verschweigen.

Wir fahren durch Armjansk, die Stadt ist in Aufruhr: Am Himmel fliegen Geschosse in Richtung Ukraine, eine riesige Kolonne fährt durch die Straßen, Militärpolizei und Verkehrspolizei sperren alles ab, damit uns keine Zivilisten in die Quere kommen. Durch einen Schlitz in der Plane unseres URAL sehe ich fünfgeschossige Gebäude, in denen schon Licht brennt und Menschen aus den Fenstern und von den Balkonen schauen.

Plötzlich kommen wir mit einem Ruck zum Stehen, wir sind in etwas reingefahren. Wie sich herausstellt, hat der URAL, in dem ich sitze, keine Bremsen. Als der Vordermann unerwartet bremste, entschied sich unser Fahrer, nach links auszuweichen. Jetzt sind wir gegen einen Zaun geknallt. Aber wen kümmert schon ein Zaun, wenn längst Raketen fliegen?

Neben uns, mal überholend, mal zurückfallend, fahren die UAZ des Sturmbataillons und BMD-Panzer des Fallschirmjägerbataillons. Die UAZ meiner Kompanie sind vorangefahren zur Grenze. Hinter Armjansk taucht links Wald auf, rechts Felder – ich höre Schüsse und Explosionen aus der Richtung, in die wir fahren. In dem Moment bereue ich, dass ich zu den Mörserschützen gewechselt bin, emotional verbindet mich nichts mit ihnen, wir kennen uns kaum. Und wie mir scheint, kommt dieser Einheit obendrein nur eine untergeordnete Rolle zu.

Von der Ladefläche sehe ich nur, was hinter uns geschieht. Was, wenn meine Kompanie jetzt voll am Arsch ist? Was passiert da? Wo fahren wir hin? Ich will vorwärts, das Adrenalin steigt mir zu Kopf, ich bebe, dabei verstehe ich überhaupt nichts. Kampfjets fliegen einer nach dem andern über unsere Köpfe, dann Hubschrauber, Geräusche von Explosionen, die Luft riecht nach Schießpulver.

Dieser Anblick ist furchteinflößend und atemberaubend schön zugleich. Sonnenaufgang gegen sechs; strahlend hell wie im Frühling verbreitet die Sonne ihre Wärme nach der unbehaglich klammen Nacht und dem Regen.

Und im selben Augenblick sind da ein Dutzend Hubschrauber und Flugzeuge; rechts über das Feld rasen BMD-Panzer, plötzlich tauchen knapp hundert weitere Panzer auf, schweres Militärgerät mit Fahnen der Luftlandetruppen und Russlandflaggen – und das ist nur, was ich sehe, mit meinem blutverkrusteten Auge von der Ladefläche eines dämlichen URAL ohne Bremsen.

Was passiert hier gerade?, kreist es in meinem Kopf, während in meinem Herzen Euphorie, Verwunderung und Panik toben. Das Gefühl, Teil einer Herde, einer gewaltigen Kraft zu sein, vernebelt meinen Verstand. Wohin rasen wir nur zum Lärm der Geschütze?

Der URAL rollt langsam an einem zerstörten Grenzposten zwischen der Krim und der Ukraine vorbei. Die Kolonne beschleunigt, kommt zum Stehen, beschleunigt wieder. Am Straßenrand stehen kaputte, rauchende oder zerschossene Autos. Als wir die Grenze überqueren, bemerke ich, dass sich der Zug des Sturmbataillons aufgelöst hat: Ihre UAZ stehen am Straßenrand, sie halten jetzt den Grenzposten. Ich sehe Blut, aber keine Leichen – vielleicht haben sie die schon weggeräumt.

Kettenfahrzeuge überqueren die Grenze direkt übers

Feld. Der große Strom aus Militärgerät verästelt sich und verliert sich immer weiter rechts in den Feldern. Ukrainische Straßenschilder, Schriftzüge und Flaggen tauchen auf. Mich überkommt das Gefühl, dass ich, verdammt noch mal, gar nichts kapiere, dass alles um mich herum wirklicher ist als die Wirklichkeit und trotzdem wie im Traum. Kein Video der Welt könnte das alles wiedergeben, abgesehen davon, dass dort, wo das Interessanteste passiert, keine Reporter sind und die Anwesenden andere Sorgen haben, als Filmchen zu drehen.

Gleich hinter dem Grenzposten brennt eine zerschossene Tankstelle. Die MTW unserer Aufklärer fahren voran. Jemand hat hier sein Leben gelassen. Immer häufiger passieren wir zurückgelassene oder zerstörte Fahrzeuge.

Die Kolonne bremst immerzu, beschleunigt wieder, die UAZ meiner Kompanie überholen uns, fallen wieder zurück. Die Fahrzeuge fahren mal in zwei, mal in drei Reihen. Rechts stehen Windräder, es eröffnet sich ein wunderschöner Blick auf die Felder, das Wetter ist traumhaft, als wäre Anfang April. Das Geschützfeuer der Artillerie ist verstummt, man sieht die Explosionskrater und Teile von Grad-Raketen. Es sieht aus, als hätte man sie ins Nichts geschossen, aber wer weiß, vielleicht war der Feind ja da und ist jetzt zurückgewichen.

Unsere Kolonne biegt nach rechts von der Straße ab. Jedes Mal, wenn wir halten, stehe ich von der Ladefläche auf und schaue hinaus nach vorn; sobald wir uns wieder in Bewegung setzen, gehe ich zurück zu meinem Platz auf den Minenkisten, die während der Fahrt unter mir wild umherhüpfen, was mich daran zweifeln lässt, ob ich den nächsten

Tag erleben werde. Die Straße wird immer schlechter, die Minenkisten hüpfen immer höher; Mörserschütze zu sein ist mir immer weniger geheuer.

Die Kolonne wird mal breiter, mal schmaler, die Straßen wechseln zwischen unbefestigten und asphaltierten. Die Befehlshabenden an der Spitze der Kolonne bleiben immer wieder stehen, offenbar warten sie auf die Durchgabe neuer Koordinaten. Jetzt bewegen wir uns immer weiter westlich. Von Zeit zu Zeit tauchen Kampfhubschrauber und Jagdflieger über uns auf, die tiefer in die Ukraine hineinfliegen und wieder zurückkommen.

Plötzlich bleiben wir auf einer verlassenen Straße stehen, und es ertönt das Kommando: »Zum Gefecht!« Wir alle stürmen schnell, aber unbeholfen aus den Fahrzeugen und verteilen uns querbeet neben der Straße, um in Stellung zu gehen: Manche knien, andere liegen, manche bleiben stupide stehen, unsicher, ob sie sich wirklich in den Dreck werfen sollen. Zum Glück ist es falscher Alarm, sonst hätte uns ein gut vorbereiteter Feind eine ordentliche Abreibung verpasst.

Zurück in den Fahrzeugen, erreichen wir die erste Ortschaft in der Ukraine, brettern mit hoher Geschwindigkeit über eine solide, asphaltierte Straße. Neben irgendwelchen Hallen sehe ich eine Gruppe Männer stehen, Arbeiter oder Bauern, die sich missmutig darüber zu wundern scheinen, wie ihr Tag begonnen hat. Aber sie bleiben auf Abstand. Die Soldaten unserer Kolonne wundern sich nicht weniger: Wo fahren wir hin? Allen steht die Frage in die erschöpften und ratlosen Gesichter geschrieben, aber was soll man machen? Aus dem Wagen springen, das Gewehr auf den

Boden schmeißen und schreien: »Ich fahr nirgends hin, bis mir einer erklärt, was das soll«?

Verwirrt fahren alle weiter. Wir haben sicher einen Plan!

Als wir durch das Dorf rasen, sehe ich auch ein paar Alte, die aus ihren Häusern kommen und uns mit Kreuzzeichen begrüßen. Ein mulmiges Gefühl, keine Ahnung, ob sie uns damit segnen oder ins Jenseits verabschieden.

Ich staune, wie schön das Dorf ist, trotz der nun feindlichen Ukraineflaggen und den gelb-himmelblau gestrichenen Zäunen. Wir passieren noch ein paar solcher schönen Dörfer mit sich grimmig zusammenrottenden Männern und einigen Alten, die Luftkreuze in Richtung unserer Kolonne malen.

Die ganze Zeit ist mein Gewehr geladen, und ich bin bereit, auf jeden zu schießen, der eine Gefahr darstellt. Ich habe keine Ahnung, wohin, wozu und warum wir fahren, klar ist nur, das hier ist jetzt ernst. Es ist offensichtlich, dass ein echter Krieg begonnen hat.

Langsam, mit minimaler Geschwindigkeit, passieren wir anscheinend verlassene Lagerhallen, die an sowjetische Kuhställe erinnern. Dazwischen kann ich ein aufgespanntes Tarnnetz ausmachen und darunter einen LKW, der ein Stabsfahrzeug sein könnte. Intuitiv spüre ich Gefahr, ich will das Feuer in die Richtung eröffnen, um die anderen darauf aufmerksam zu machen. Aber die Logik sagt mir, dass die MTW der Aufklärer und die UAZ der Stürmer ja voranfahren. Wenn sie nichts Ungewöhnliches bemerkt haben, ist sicher alles in Ordnung. Aber ich habe mich mal wieder geirrt, Logik braucht man bei der modernen russischen Armee nicht zu suchen.

Kaum hat sich unser URAL etwas entfernt, werden wir beschossen. Die Kolonne stoppt und rüstet sich zum Kampf. Weil ich nun Mörserschütze bin, springe ich mit den anderen aus dem Wagen, direkt an der Mauer des Gebäudes, hinter dem ich den seltsamen LKW gesehen habe, und wir laden Mörser und Minen aus. Keine Minute später kommt das Kommando »Einpacken«, trotz andauerndem Beschuss. Wir laden die Mörser wieder ein, und die Kolonne aus UAZ und LKW setzt sich in Bewegung. Dreihundert Meter weiter wieder das Kommando »Zum Gefecht!«, wieder springen wir aus dem Wagen, laden Mörser und Minen aus, machen sie bereit zum Einsatz. Ich höre Schüsse, sehe, dass aus Handfeuerwaffen und Maschinengewehren dorthin gefeuert wird, wo ich den verdächtigen LKW gesehen habe.

Als unsere Mörser einsatzbereit sind, brüllt der Kommandeur, dass wir sie hundert Meter weiter aufstellen sollen. Wir packen Mörser und Minen, schleppen sie an die besagte Stelle. Ich renne, schwitze wie ein Schwein, in jeder Hand einen Sack mit Minen (die Scheißteile sind schwer, warum zum Henker bin ich zu den Mörserschützen?). Im Rennen sehe ich einen Erdwall vor uns, dahinter noch eine Sturmkompanie, die aus ihrer Deckung den verdächtigen LKW beschießt. Während wir auf sie zurennen, prasseln neben uns die Kugeln nieder, das Gras neigt sich, es pfeift in der Luft. Die anderen Mörserschützen scheinen es nicht zu bemerken, also brülle ich: »Runter, wir werden beschossen!«

Woher geschossen wird, kann ich nicht erkennen, ich muss kehrtmachen, um Munition zum Nachladen zu holen. Einen Mörser aufbauen kann ich nicht, deswegen konzentriere ich mich darauf, Nachschub zu holen, damit ich zu was nutze bin. Während ich mit den Minen vom LKW zu den Mörsern renne, verfluche ich mich schon wieder, dass ich zu dieser verdammten Einheit gewechselt bin – ich habe keine Ahnung von den Dingern, und das Gerenne mit so einem Gewicht unter Beschuss hält man nicht lange durch.

Das Wetter ist wunderbar warm, und ich bin schweißgebadet, neben mir schlagen die Kugeln ein. An diesem schönen Tag muss ich daran denken, wie ich selbst noch vor ein paar Tagen gescherzt habe, dass wir uns gegenseitig abknallen würden, bevor uns die Ukrainer erwischen, falls tatsächlich mal Krieg ausbricht.

Hundert Meter hinter mir justiert der Kommandeur den Richtkreis und gibt die Koordinaten eines Turms durch. Ich schmeiße mich auf den Boden, drehe mich in seine Richtung und ziele auf die Hallen hinter ihm – es gab die Information, dass der Feind sich vielleicht auch dort verschanzt hat. Ich weiß, dass die Vorhut unserer Kolonne dorthinein gerannt ist. Über uns kreisen unsere Kampfhubschrauber und feuern ein paar Raketen irgendwohin in eine andere Richtung ab. Was da ist, kann ich nicht erkennen. Danach schweben sie noch eine Weile über uns, wahrscheinlich um herauszufinden, was hier vor sich geht.

Plötzlich explodiert etwas hundert Meter hinter dem Kommandeur mit dem Richtkreis. Wahrscheinlich eine Granate. Wegen des vielen Feuers ringsum hat er nichts davon mitbekommen, und weil ich nicht weiß, wie ich sonst seine Aufmerksamkeit bekommen soll, schreie ich:

»Granaten!« Ein paar drehen sich um, aber es folgen keine Explosionen mehr.

Während wir noch damit beschäftigt sind, die Mörser nach den Koordinaten auszurichten und auf die Erlaubnis warten, das Feuer zu eröffnen, wird der Turm in der Nähe des LKW mit Maschinengewehrfeuer belegt. Jetzt steht er in Flammen, und es werden Gefangene genommen, ich kann nicht erkennen, wie viele. Ein paar wenige. Einen werde ich am nächsten Tag noch kennenlernen.

Nach diesem Gefecht bin ich mir sicher, dass die Granate und die Kugeln, die neben uns eingeschlagen sind, als wir hin und her rannten, von unseren eigenen Leuten kamen. Die Kolonne war stehen geblieben und hatte aus drei verschiedenen Richtungen auf das Ziel gefeuert. Wir haben die Kugeln abbekommen, die jemand dreihundert Meter weiter abgeschossen hat, der »Feind« war in der Mitte.

Wegen der endlosen dummen Experimente und des eklatanten Mangels an gesundem Menschenverstand hat die Armee jegliche Anziehung für »die besten ihrer Generation« verloren. An den Militärunis fehlen die Studenten, die Berufsarmee (die wir seit 2003 aufbauen wollten) ist zu einem Ort geworden, an dem sich Menschen aus den unteren sozialen Schichten versammeln (zu denen leider offenbar auch ich gehöre), denn wer wenig gebildet und über seine Rechte schlecht informiert ist, der ist leichter zu manipulieren. Obendrein wurde das Prinzip der Wehrpflicht zugrunde gerichtet, indem man daraus eine Mischung aus Kindergarten und offener Vollzugsanstalt gemacht hat. Nach abgeleistetem Dienst verlassen die Soldaten die Armee, ohne irgendetwas gelernt zu haben, und sie erzählen davon ihren Bekannten, was dazu führt, dass jeder alles versucht, um diese Zeitverschwendung zu umgehen. Dabei waren es gerade die Wehrpflichtigen, die so erfolgreich in Afghanistan und Tschetschenien gekämpft haben. Erfolgreich insofern, als dass sie die ihnen gestellten Aufgaben erfüllen konnten und keine so hohen Verluste erlitten haben, wie die gegenwärtige »Berufsarmee der Russischen Föderation« schon jetzt in der Ukraine.

Ach ja, ich habe vergessen zu erwähnen, dass ich den Zerfall des 56. Luftsturmregiments bereits seit gut dreißig Jahren beobachte.

Ich erinnere mich an 1999, den Anfang des Tschetschenienkriegs. Als Jugendlicher habe ich damals meinen Vater in den Krieg verabschiedet. Gegen drei Uhr nachts hat sich das 1. Luftsturmbataillon auf dem Platz vor dem Stab formiert. Der Regimentskommandeur erteilte dem Bataillon die Kampfanweisungen, dass ein Eilmarsch ausgeführt werden muss und die Separatisten, die Itschkerien als einen unabhängigen Staat ausgerufen hatten, bekämpft werden müssten. (Kommt einem bekannt vor, oder? Hat die Ukraine nicht genauso auf die Ausrufung der Volksrepubliken Donezk und Lugansk reagiert?) Er sagte auch, es sei gefährlich, und wenn einer der Soldaten, aus welchen Gründen auch immer, das nicht tun könne oder wolle, so könne er das Bataillon verlassen; die Gründe könnten unterschiedlich sein: religiöser Art, das einzige Kind in der Familie, eine kranke Mutter. Aber damals verließ niemand die Truppe, obwohl es neben den Offizieren aus knapp 500 Wehrdienstleistenden bestand, die meisten davon zwischen 18 und 20 Jahre alt. Das war eine andere Armee – in ihrer Qualität und ihren Prinzipien. Diese Armee hatte Russland 1999.

Sicher, sie war nicht perfekt, sie benötigte Ordnung und Reformen, aber die damalige Armee war einen Kopf größer als die, die in den letzten 23 Jahren »zurechtreformiert« wurde.

Bei der jetzigen Armee hat sich eine Unmenge von Zeitsoldaten geweigert, in den Krieg zu ziehen, was auch zum Scheitern der »Spezialoperation« beitrug.

Ich weiß noch, wie wir die gesamten zwei Monate, die ich an der Front verbrachte, darauf hofften, dass wir abgelöst werden, damit wir uns erholen, unsere Kleidung und uns selbst waschen können. Aber das ist nie passiert, denn wie sich herausstellte, gab es niemanden, der uns hätte ablösen können.

24.02.2022, Mittag

Wir fahren weiter. Zu dem Zeitpunkt habe ich meine alte Kompanie schon aus den Augen verloren, sie ist irgendwo abgebogen und hat eine andere Route eingeschlagen. Ich habe mitbekommen, dass sie Richtung Cherson fahren, um die Dnjepr-Brücke einzunehmen. Auch wir sind dorthin unterwegs, auf einer anderen Route – aber wir werden es nicht rechtzeitig schaffen.

Gegen Mittag kommt die Kolonne in einen sandigen Nadelwald. Er erinnert mich sehr an einen Nutzwald in Kamyschin, den ich sehr gut kenne …

Dort im sandigen Boden rüsten wir uns zum Gefecht, Schüsse sind zu hören. Die Kolonne hat sich in die Länge gezogen, wo genau geschossen wird, weiß ich nicht.

Während der Fahrt hören wir immer wieder Explosionen, vereinzelt wird leichtes Militärgerät der ukrainischen Streitkräfte vernichtet, wo wir es antreffen. Ich bemerke ein paarmal die ukrainische Luftwaffe, aber auf ernsthaften Widerstand treffen wir nicht. Je weiter wir in die Oblast Cherson vorrücken, desto seltener begegnen uns Hubschrauber und Flugzeuge. Immer wieder bleiben Fahrzeuge von uns liegen, wir lassen sie einfach auf der Straße zurück, und die Besatzung steigt woanders zu.

Gegen ein Uhr mittags erreichen wir ein weites Feld. Hinter uns liegt der sandige Nadelwald, vor uns das Feld mit noch oder schon grünem Gras. Alle sind mittlerweile in einem ziemlich abgewrackten Zustand. Auf dem Feld bleiben unsere LKW in einer Art Senke stecken – der Schnee ist längst geschmolzen, aber das Wasser im Boden nicht eingesickert, deswegen ist dort ein nicht gleich erkennbarer Sumpf entstanden. Ein paar der UAZ kommen durch, weil sie leicht sind, aber unsere LKW bleiben stecken. Einige bleiben und sichern die Kolonne: ein paar MTW der Aufklärung, einige BMD-Panzer, die vom Stabsfahrzeug der 7. Division zu uns abkommandiert wurden, ein paar Rakuschka-Panzerwagen und BMD-4. Ein bunter Haufen, auf den ich mir überhaupt keinen Reim machen kann. Insgesamt sind wir etwa 300 Mann dort, vermute ich, wild zusammengewürfelt, die meisten aber aus der 7. Luftsturmdivision. Die anderen knapp 300 Mann sind vorangefahren – die Kolonne ist zerfallen.

Die BMD versuchen die LKW herauszuziehen, wobei sie selbst im Schlamm versinken. Kaum haben sie ein Fahrzeug rausgezogen, bleib das nächste an der Stelle stecken.

Der Sanitätspanzerwagen Linza, das Einzige, was wir an modernem Militärgerät haben, wenn man die BMD-4 und Rakuschka nicht mitzählt, fährt sich ebenfalls fest. Ganz offensichtlich kann man auch am Feldrand rechts oder links fahren, aber alle bleiben wie die Hornochsen an denselben Stellen stecken.

Nachdem ich das eine halbe Stunde lang mitangesehen habe, werde ich nervös: eine riesige Kolonne auf offenem Feld, einen Kilometer rechts ein Hügel, einen Kilometer zur Linken Wald, und wir stehen hier eine gefühlte Ewigkeit – ein perfektes Ziel für Artillerie und Luftwaffe. Wenn der Feind uns ausmacht und angreift, dann war es das mit uns.

Viele steigen aus und rauchen. Ich mache eine Runde und erfahre, was schon fast alle wissen: Der Befehl lautet, nach Cherson zu fahren und die Dnjepr-Brücke einzunehmen. Da wird mir klar, dass wir die Ukraine angegriffen haben.

Wir stehen auf dem Feld, und keiner schafft es zu entscheiden, dass man die LKW zurücklassen muss. Ich begreife, dass wir uns den Überraschungseffekt zunutze machen wollten: Die Hauptkräfte sind auf einer anderen Route unterwegs, während die Luftlandetruppen die Aufgabe haben, unbemerkt ein Manöver durchzuführen, über Felder und Wälder zur Brücke zu gelangen, sie einzunehmen und einen Aufmarschraum für die Hauptkräfte zu schaffen. In so einem Fall kann jede Verzögerung verheerend sein. Und wir schaffen es nicht, zum Zielort zu kommen, dorthin, wo man mit uns rechnet, weil bei uns niemand die Entscheidung treffen kann, die feststeckenden LKW zurückzulassen. Verschlimmert wird die Situation noch dadurch, dass um uns herum Kampflärm zu hören ist – keine Ahnung, wer da gegen wen kämpft. Und unsere riesige Kolonne steht auf offenem Feld da und nimmt keine Verteidigungsstellung ein.

Zwei Stunden später. Wir haben nichts zu trinken, zu essen auch nicht, aber Hunger haben wir sowieso nicht.

Das Tempo des Gefechts links hinter dem Hügel nimmt zu, irgendetwas brennt, manchmal explodiert was, man sieht Artillerie einschlagen. Ich leihe mir das Fernglas des Kommandeurs und versuche, auf dem Boden kniend, etwas zu erkennen – ohne Erfolg. Ich bin längst total schmutzig und voller Straßenstaub wie fast alle anderen; die durchgeschwitzte Thermounterwäsche trägt auch nicht gerade zum Wohlbefinden bei.

Hinter dem Hügel, wo der Kampf tobt, tauchen mal weiße, mal rote Signalraketen auf. Ich kenne die verabredeten Signale nicht, deswegen gehe ich von Wagen zu Wagen und frage, ob jemand weiß, was das zu bedeuten hat. Keiner weiß eine Antwort, nicht mal die Offiziere. Überhaupt ist die Atmosphäre merkwürdig, alle wirken richtig ausgelaugt. Wir sehen und hören alle das Gleiche, aber entweder die anderen haben einfach keine Kraft mehr, oder es ist ihnen wie immer alles scheißegal.

Von hinten kommen die MTW der Aufklärer, sie haben die Fahrzeuge hinter uns rausgezogen, die bereits im sandigen Waldboden stecken geblieben sind. Ich gehe zum Rauchen zu ihnen, um irgendetwas zu erfahren. Die Jungs interessieren sich deutlich mehr dafür, was um sie herum passiert, sie sehen auch insgesamt munterer aus, nicht umsonst gilt die Aufklärung als kampftauglicher als die Sturm- und Jägerbataillone – die meisten Leute dort haben Prinzipien. Während ich mit ihnen rauche, erfahre ich, dass wir schon Verwundete und Tote haben. Einen jungen Kerl haben sie aus dem Wald mitgebracht, ihn hat eine 7,62-mm-Kugel von hinten erwischt, ist durch die Schutzweste durch und hat ihn getötet. Ob es eine russische oder ukrainische Kugel war, weiß niemand.

Obwohl sie gerade erst angekommen sind, fange ich gleich an, mich über das Chaos aufzuregen. Sie sind meiner Meinung, und weil ich merke, dass doch nicht allen alles egal ist, fühle ich mich ein bisschen besser. Ich deute zum Hügel und erzähle von den Signalraketen. Die Schüsse dort sind verstummt, Rauchschwaden von brennendem Militärgerät erheben sich in den Himmel. Sie beschließen hinzufahren und sich die Sache anzusehen, die Gegend zu durchkämmen, vielleicht ist dort der Feind.

Nachdem ich von ihnen erfahren habe, wer in der Kolonie das Sagen hat, gehe ich zu einem Oberstleutnant. Ich finde ihn neben festgefahrenen Fahrzeugen, die beim Versuch, die LKW herauszuziehen, selbst stecken geblieben sind. Um ihn herum eine Gruppe junger Männer; ob Offiziere oder nicht, kann ich nicht erkennen, fast alle tragen jetzt Ratnik-Schutzmäntel, die die Abzeichen verdecken. Ich trete zu ihm und sage: »Genosse Oberstleutnant, dort hinter dem Hügel wird gekämpft, zwei, höchstens drei Kilometer von uns entfernt. Da ist Rauch, und es wurden Signalraketen abgefeuert, rot und weiß. Was bedeuten die? Vielleicht sind da unsere Jungs, die Hilfe brauchen? Oder sind es Ukrainer?«

Er sieht mich merkwürdig, sehr ausdrucksvoll an – vielleicht muss er erst mal verdauen, wer ich überhaupt bin. Sein Gesicht wirkt erschöpft, auf seiner Uniform sind Blutflecken, wahrscheinlich hat er einem Verwundeten geholfen, es ist eindeutig nicht sein Blut. Nach einer längeren Pause, in der er mal mir in die Augen, mal zum Hügel schaut, erwidert er: »Woher, verflucht, soll ich das wissen, was das zu bedeuten hat? Wir sollten uns, verdammt noch mal, verpissen!«

Nachdem er das gesagt hat, wendet er sich wieder den Offizieren zu. Ich bin baff von diesem ganzen Zirkus, der eine Kriegshandlung sein soll, und trotte zu meinem Wagen. Mittlerweile ist klar, dass wir keinen Funkkontakt mehr haben und nichts über das Schicksal derjenigen wissen, die vorangefahren sind, derjenigen, die wir eigentlich unterstützen müssen.

Vor uns sind Schüsse und Explosionen zu hören. Was da genau passiert, ist unklar, ebenso wie die Entfernung, in der gekämpft wird. Zwei MTW unserer Aufklärung fahren den Hügel rauf. Angeblich sind wir bereits irgendwo in der Nähe von Cherson.

Auf dem Weg zu meinem URAL bleibe ich immer wieder stehen und tausche mich mit Leuten darüber aus, wer was gehört hat. Manche schlafen in den Autos, andere schlendern von einem Fahrzeug zum nächsten, alle sehen fertig und irgendwie verloren aus. Jemand hat eine Drohne gesehen, ein Raunen geht durch die Kolonne. Kurz darauf fliegt ein Jagdflieger direkt über uns – ob unserer oder nicht, hat niemand erkennen können. und unsere Führung hat keinen Funk.

Ich entferne mich knapp hundertfünfzig Meter von den Autos und hocke mich hin, das Gewehr auf den Knien – wenn es zum Beschuss kommt, ist es besser, von den Fahrzeugen weiter weg zu sein. Als ich mich umsehe, stelle ich fest, dass wir nicht mal Wachposten eingerichtet haben. Die Kolonne steht mitten im freien Feld, ein Abstand zwischen den Fahrzeugen ist praktisch nicht vorhanden. Wenn wir jetzt von Artillerie oder der Luftwaffe angegriffen werden, verwandelt sich die Menschenmenge hier im Nu in einen Haufen Leichen.

Von der Front wurde ich zunächst nach Sewastopol gebracht, ins Militärkrankenhaus »Orion«. Unser PAZ, von dem ich bereits erzählt habe, traf dort gegen ein Uhr nachts ein. Davor gab es noch einen Halt irgendwo in Tscherwonyj Perekop, dort war auf dem Gelände eines zivilen Krankenhauses ein medizinisches Zeltlager errichtet worden, wo uns ein Sanitätstrupp aus Buinaksk empfing; er bestand hauptsächlich aus dagestanischen Frauen, die uns sehr warmherzig empfingen.

Wir stiegen wie die Wilden aus dem PAZ und wurden sofort von Ärzten empfangen. Es war komisch, dass ringsum nicht geschossen wurde. Stille, Zivilisten, ein Gefühl von Ruhe und Sicherheit stellte sich ein – das ist ein unbeschreibliches Gefühl. Die Ärzte erkundigten sich, wer einen Verbandswechsel, Schmerzmittel oder andere Hilfe brauchte, während sie uns in ein gemütliches Zelt begleiteten, wo eine Kantine eingerichtet war, sehr hell und freundlich. Damals erschien sie mir wie ein Stück vom Paradies.

Wir bekamen eine fabelhafte Suppe mit Dosenfleisch

und Graupen, sie schmeckte unfassbar lecker in diesem Augenblick. Ich fühlte die Fürsorge und das Mitgefühl dieser Frauen, und das war ein sehr merkwürdiges, fast vergessenes Gefühl. Merkwürdig, weil es uns bis zu diesem Augenblick so vorgekommen war, dass überall etwas passiert, überall die Gürtel enger geschnallt werden, nach dem Motto »Alles für die Front, alles für den Sieg«. Aber hier wurde mir endgültig klar, dass überall das normale Leben weiterging. Die Menschen gingen zur Arbeit, genossen ihre Freizeit, feierten in Clubs, und das Internet war nicht gesperrt. Das mag komisch klingen, aber die letzten zwei Monate waren wir praktisch von der Außenwelt abgeschnitten, lebten in unserer kleinen Parallelwelt, dem Krieg, wo neben den unmenschlichen Verhältnissen, dem Mangel an Nahrung, Wasser, Schlaf, Hygiene und warmer Kleidung, auch ein Mangel an Informationen herrschte. Wir lebten von Gerüchten, die die Fahrer mitbrachten, wenn sie ins Hinterland fuhren, um Verpflegung zu holen. Sie erzählten dann, das Internet sei gesperrt, über der Krim würden keine Flugzeuge fliegen, die Zuckerpreise seien um das Zehnfache gestiegen und der Dollarkurs schon über 120. Während der Kampfhandlungen kannst du in der Isolation die Situation nicht rational beurteilen und fängst an, dir irgendetwas zusammenzureimen. Deswegen war ich jetzt sehr begierig darauf, von den Frauen zu hören, was in der Welt vorging und was in den Nachrichten gesagt wurde.

Ich weiß noch, dass sie mir traurig vorkamen, aber versuchten, es sich nicht anmerken zu lassen. Vielleicht lag es daran, dass sie täglich viele solcher Busse zu Gesicht bekamen und längst verstanden, dass die Spezialoperation nicht nach Plan lief. (Oder war genau das der Plan von irgendjemandem?)

Vielleicht weil die da oben selbst nicht verstanden, wozu das alles gut sein sollte. Ich erinnere mich noch an eine Frau, die mir von den aktuellen Nachrichten erzählte und sehr betrübt über die steigenden Preise war, aber sich gleichzeitig darüber freute, dass »die Celebritys und Verräter aus dem Land abhauen«. Dann erzählte sie noch zufrieden, dass Xenija Sobtschak verhaftet worden war, was mich sehr wunderte – immerhin war sie mal Präsidentschaftskandidatin. Wie vermutet, stellte sich das später als fasch heraus, wie so vieles andere auch.

Nach einem halbstündigen Stopp, bei dem wir Essen und – die, die es brauchten – Verbandswechsel und Schmerzmittel bekommen hatten, fuhren wir weiter nach Sewastopol, ins Militärkrankenhaus »Orion«, wie ich oben schon sagte. Dort kamen wir gegen ein Uhr nachts an, lungerten noch eine halbe Stunde auf dem Hof herum und begannen schließlich zu rufen, dass uns jemand reinlassen soll, weil uns schlichtweg niemand empfing. Irgendwann kamen die Jungs, die dort bereits lagen, hauptsächlich unsere Kameraden von den Luftlandetruppen, aus dem 11. Luftsturmregiment, wir nennen sie die »Kampfburjaten«. Sie hatten von Anfang an mit uns an der Front gekämpft, deswegen nahmen sie uns herzlich auf, halfen beim Ausladen und überschütteten uns dann mit Fragen, welche Erfolge es an der Front gebe. Von Erfolgen konnten wir allerdings kaum berichten, wir standen immer noch an der Grenze zwischen der Oblast Cherson und der Oblast Nikolajew, die Artillerie der ukrainischen Streitkräfte beschoss unsere Stellungen, unsere ballerte zurück, und wir warteten im Feld zwischen den beiden auf Verstärkung, um weiter vorrücken zu können.

Eine halbe Stunde später kam eine Frau heraus, die eine Mischung aus Arzt- und Soldatenuniform trug. Sie führte uns ins Empfangszimmer, man trug uns ein und händigte uns Pyjamas und Kittel aus; die Verwundeten wurden gleich zu den OPs gebracht. Ich war vollkommen ausgelaugt, alles, woran ich denken konnte, war, dass ich mich hinlegen und schlafen wollte. Ich fühlte mich, als wäre ich von einem Zug überrollt worden, alles tat mir höllisch weh. Ich konnte es den Ärzten gar nicht genau erklären – ich hatte Schmerzen im Rücken und den Beinen, obendrein die Probleme mit den Augen.

Als wir endlich mit dem Papierkram fertig waren, brachte man mich in ein Krankenzimmer, wo mir eine Krankenschwester irgendein Gemisch und eine Tablette gab, »um besser zu schlafen«. Ich war erstaunt, wie modern und neu das Militärkrankenhaus war: Zweibettzimmer mit Toilette, Dusche, Klimaanlage und einer Extratür direkt nach draußen. Alles war sauber, ruhig und gemütlich. Nach dem Schützengraben kam es mir schöner vor als in jedem Hilton- oder Radisson-Hotel.

Im Krieg hatte ich von einer Dusche geträumt, aber in dem Augenblick – obwohl meine Hände schwarz waren vom Dreck, der sich in sie hineingefressen hatte – fand ich keine Kraft zum Duschen. Ich legte mich einfach nur aufs Bett und schlief ein und wachte auch in derselben Körperhaltung wieder auf. Die Glücksseligkeit, die man empfindet, in einem sauberen Bett in Sicherheit und Ruhe schlafen zu können, versteht nur jemand, der bei Frost auf der bloßen Erde, mit Schuhen an den Füßen und dem permanenten Gefühl der Gefahr im Nacken geschlafen hat.

Während ich schlief, wurde noch jemand in mein Krankenzimmer gebracht, wir waren zusammen mit dem PAZ gekommen; er hatte ein geplatztes Trommelfell und konnte nur auf einem Ohr hören. Da waren wir also – ein Blinder und ein Tauber.

24.02.2022, Nachmittag

Ich hocke rauchend da und schaue umher. Das Wetter ist fabelhaft, als wäre Frühling. Es ist gegen 17 Uhr, die Sonne geht gerade unter, das war also der 24. Februar 2022, ein Gefühl der Sorge macht sich breit. Ich denke an meine Mutter in Krasnodar, meine Schwester in Moskau, erinnere mich an meine Exfreundinnen – ich bin immer noch nicht verheiratet und habe keine Kinder. Komischerweise schnürt es mir den Hals zu.

Die letzten zehn Jahre habe ich mit Pferden gearbeitet, das war gar nicht schlecht, aber der Verdienst reichte nicht, um etwas für eine eigene Wohnung zurückzulegen. Ich wollte lieber ausgehen, Kleidung kaufen. Also habe ich mich, mit 32 und ohne eigenen Wohnraum, dazu entschieden, noch mal zur Armee zu gehen. Ich dachte, ich hole mir dort das Geld für eine Hypothek – die Zeit verfliegt schließlich, ich muss ernsthafter werden und auch mal an die Zukunft denken. Aber mein Gehalt beträgt nicht einmal 30 000 Rubel, und die Lust, in so einer Armee zu dienen, vergeht einem auch sofort.

Ich muss daran denken, dass mir Freunde und Verwandte immer gesagt haben, mein Problem sei mein übertriebenes Rechtsbewusstsein, ich sei zu stolz, zu stur und ein Idealist;

ich würde immer wollen, dass alles um mich rum perfekt sei, aber das gehe nun mal nicht. Vielleicht haben sie recht, auch bei der Armee habe ich gleich angefangen, mich mit der Führung anzulegen. Ich poche immer darauf, dass meine Rechte eingehalten werden. Meine Kameraden haben mir gesagt, dass meine Beschwerde beim Verteidigungsministerium zu nichts führen wird – man kann das System nicht brechen, es bricht dich. Sie hatten recht. Außer dass ich mir das Verhältnis zur Führung versaut habe, habe ich nichts erreicht. Vielleicht ist es jetzt genauso? Dann haben sie halt keinen Funk, kommt vor, alle sind erschöpft, ich ja auch, und haben keine Ahnung, was passiert. Sie haben keine Wachposten aufgestellt – vielleicht haben sie ja die Information, dass wir von anderen Einheiten flankiert werden. Vielleicht ist alles gar nicht so schlecht, und ich mache mich nur selbst verrückt.

Mir ist klar, dass hier etwas Großes vor sich geht, aber was genau, das weiß ich nicht. Im Kopf kreisen die verschiedensten Gedanken. Wir können die Ukraine ja nicht einfach so angreifen. Vielleicht ist die NATO wirklich ins Land gekommen, und wir haben uns eingemischt? Vielleicht ist in Fernost irgendwas im Gange? Wenn die Amerikaner einen Krieg gegen uns angefangen haben, dann ist das Ausmaß gigantisch, irgendwer greift sicher zu Atomwaffen, ach Scheiße, was für ein Blödsinn … Es gibt nur zwei Möglichkeiten: die Waffe auf den Boden werfen und zurück auf die Krim oder tun, was einem gesagt wird, und sich nicht irgendwas zusammenspinnen, jetzt finde ich sowieso nichts heraus.

Von der Kolonne fahren an den Flanken ein paar UAZ

ab, sie stellen nun also doch so was wie Sicherheitsposten auf. Ein Teil der Fahrzeuge fährt wieder weg, vor allem BMDs. Aber der Monolog in meinen Kopf geht trotzdem weiter: »Wir sind am Arsch, dieses beschissene Chaos, das wir schon in Friedenszeiten hatten, wird uns jetzt im Krieg vernichten, warum, verflucht noch mal, bin ich zur Armee? Ich hab mich nicht mal über die Annexion der Krim gefreut, war gegen die Sache mit den Volksrepubliken Donezk und Lugansk, fand, dass wir in Syrien nichts verloren hatten, und jetzt bin ich hier Gott weiß wo gelandet, mit dieser unfähigen Führung. Den Jungen gestern hat sicher einer unserer eigenen Leute umgenietet, irgendein Idiot hat ihm aus Versehen eine Kugel in den Rücken gejagt, genauso wie sie mich heute Morgen beinahe abgeknallt hätten. Einem haben sie beim Drehen des Kanonenrohrs eines Panzers das Bein gebrochen, einem anderen sind sie mit den Panzerketten über den Fuß gefahren. So eine Armee braucht keinen Gegner, wir machen uns selbst fertig.«

Ich stehe auf und gehe zu meinen Leuten. Zweihundertfünfzig Meter entfernt fangen sie an zu packen, und dann veranstalten sie auch noch einen Appell mitten auf dem Feld – ringsum wird geschossen, und die Artilleriedivision, zu der nun ja auch ich als Mörserschütze gehöre, veranstaltet einen Appell! Der Divisionskommandeur begrüßt mich zähneknirschend und schielt auf mein blutverklebtes Auge. Früher kamen wir ganz gut miteinander aus, aber seit meiner Beschwerde beim Verteidigungsministerium geht er mir aus dem Weg.

Als ich mit den anderen zum Appell antrete, denke ich nur: Was für ein Irrsinn. Ich muss an meinen verstorbenen

Vater denken und daran, wie ich meine ganze Kindheit, bis ich 15 war, im 56. Luftsturmregiment verbracht habe. Jetzt, 17 Jahre später, ist alles vollkommen anders. Die Luftlandetruppen von damals und heute haben nichts gemeinsam. Es sind andere Leute, der Glanz ist ab, das Feuer in den Augen erloschen. Jetzt diene ich selbst im 56. Luftsturmregiment, aber von der Vergangenheit ist nur der Name übrig.

Der Kommandeur versucht allen Mut zu machen, sagt, dass wir zwar keinen Funk haben und niemand weiß, was, zum Teufel, passiert, aber das Wichtigste ist, sich nicht in die Hosen zu machen, wir fahren gleich weiter, das feststeckende Militärgerät lassen wir zurück (hätte er mich mal eher gefragt). Alle sollen sich bereit machen zum Kampf, wir schlagen uns zu unseren Leuten durch, sie erwarten uns, aber zu ihnen haben wir auch keinen Funkkontakt, auf dem Weg sind Hinterhalte von Sabotageeinheiten der ukrainischen Streitkräfte zu erwarten. Er sagt das alles mit demonstrativem Mut, aber an seinen Augen erkenne ich, dass auch er Schiss hat. Aber gut, dass er den Leuten wenigstens was erklärt.

Es wird schon dunkel. Während alle zu den Wagen gehen, fügt sich das Puzzle in meinem Kopf endlich zusammen. Zwei Kompanien des Sturmbataillons sind zusammen mit meinem Bataillonskommandeur vorausgefahren. Meine alte Kompanie ist schon vor einer Weile irgendwo abgebogen und hat sich auf einer anderen Route auf zur Brücke gemacht. Der Regimentskommandeur ist ihnen vor kurzen mit den BMD-Panzern hinterher, weil sie per Funk nicht erreichbar waren. Wir hätten sie einholen und auch an der Brücke sein müssen. Nach Plan hätte unser gesamtes Regiment, verstärkt durch die 7. Division der Luftlandetruppen, schon am Mittag da sein, die Brücke als Stützpunkt sichern und nach Cherson einmarschieren sollen.

Im Dunkeln setzt sich die Kolonne endlich in Bewegung, wir lassen einen Teil der feststeckenden Ausrüstung zurück. Während der Fahrt sitze ich mit einem jungen Mörserschützen im URAL ohne Bremsen auf Minenkisten, die Gewehre einsatzbereit, und denke an meine alte Kompanie und diejenigen, die vorausgefahren sind. Sie sind auf jeden Fall am Arsch, und ich fühle mich unwohl, dass ich nicht bei ihnen bin. Das sind keine Freunde von mir, aber wenn sie am Arsch sind und ich sie wegen meines streitsüchtigen Charakters im Stich gelassen habe, ist das nicht gut. In der Kompanie hat man sich teilweise über mich lustig gemacht, mich Veteran genannt. Mich hat das immer geärgert, aber jetzt ist der »Veteran« im Hinterland und die Kompanie am Arsch.

Wenn wir in einen Hinterhalt geraten, und dann noch im Dunkeln gegen einen klugen Feind, dann war es das hundertprozentig mit uns. Jetzt scherzt niemand mehr, alle sind plötzlich erwachsener, ernster geworden.

Knapp dreißig Minuten später kommt die Kolonne zum Stehen. Wir halten etwa eine Stunde in vollkommener Dunkelheit. Dann kommt das Kommando, dass wir hier bis zum Morgengrauen stehen bleiben: »Die Motoren ausmachen, mit einem gegnerischen Angriff rechnen, Scheinwerfer auslassen.«

Die Kolonne steht auf freiem Feld aufgereiht wie auf einem Schießstand. Mich überkommt die niederschmetternde Erkenntnis, dass wir im Falle eines Angriffs durch einen erfahrenen Gegner in der Nacht kaum eine Chance hätten, erst recht nicht in diesem URAL voller Minen. Die Kolonne besteht aus knapp dreißig Fahrzeugen: LKW, UAZ-Transporter, zwei MTW-82 der Aufklärer, ein paar BMD-2- und BMD-4-Panzer, Rakuschka-Stabsfahrzeuge. Es reicht die Panzer zu sprengen, die nicht einmal einer RPG standhalten, von einer Javelin ganz zu schweigen, dann kann man die Kolonne in MG-Feuer ertränken, verschlafen und im Dunkeln kapieren wir sowieso nicht, woher geschossen wird.

Ich entscheide mich dafür zu schlafen. Wir sind zu viert; der junge Mörserschütze und ich auf der Ladefläche (man hat mir den Schlafsack von jemand anderem gegeben) und zwei Männer in der Kabine, wo die beiden auch schlafen. Von je drei Fahrzeugen gehen zwei Mann auf Patrouille, in der Nacht patrouillieren also etwa zwanzig Mann. Wir steigen mit Schuhen in die Schlafsäcke und legen uns, die Gewehre im Arm, auf die Minenkisten. Gegessen haben wir nichts, gegen 23 Uhr schlafen wir ein. In der Nacht fängt es an zu regnen.

Ich weiß nicht, wie lange ich in dieser Nacht geschlafen habe. Am Morgen kam eine Krankenschwester und nahm mir Blut ab, ich konnte nur ganz leicht die Augen öffnen und erinnere mich daran, dass ich es nicht schaffte, richtig aufzuwachen, die Augen fielen sofort wieder zu. Aber gegen Mittag weckte man mich dann, ich sollte zum Augenarzt in ein anderes, altes Gebäude.

Der Augenarzt war im fünften Stock, dort hinaufzukommen fiel mir extrem schwer, nach jedem Schritt hallte der Schmerz in meinem Körper nach, und jetzt kam mir kein Adrenalin zu Hilfe, weswegen die füllige, betagte Sanitäterin lange vor mir oben war. Der Doktor untersuchte mich, die Ausstattung war gar nicht schlecht, wie mir schien. Sein Urteil: »Eine ganz gewöhnliche Hornhautentzündung auf beiden Augen mit einer Hornhautverkrümmung.« Außerdem sagte er, ich hätte –5,5 auf beiden Augen, dann schrieb er lange einen Bericht und telefonierte gleichzeitig mit einer Augenabteilung, in die er mich verlegen wollte. Wie ich später erfahren habe, behält man die Leute in diesem vorbildlichen Militärkrankenhaus nicht lange, sondern verteilt sie zügig auf Krankenhäuser oder Sanatorien in der Umgebung. Nachdem man mich wieder auf mein Krankenzimmer gebracht hatte, ging ich endlich unter die Dusche und wusch mich sicher eine halbe Stunde lang, schrubbte unter dem heißen Wasser den ganzen Dreck von mir, der sich in meine Haut gefressen hatte. Dann gab es Mittagessen, sie kochen dort sehr gut, es schmeckt fast wie zu Hause. Danach legte ich mich hin und schlief sofort wieder ein.

Gegen Abend weckte mich eine Ärztin und sagte, ich solle mich umziehen, man bringe mich in ein anderes Militärkrankenhaus. Ich weiß nicht, warum, aber das Aufwachen fiel mir sehr schwer. Langsam zog ich meine Uniform an und redete dabei mit meinem Zimmerkameraden über unsere medizinische Behandlung. Keine fünf Minuten später kam die Ärztin wieder angerannt und entrüstete sich genervt, dass ich »nicht aus dem Quark« kommen würde. Ich bemerkte, dass sie den Majorsrang hatte, was für mich das Fass zum Überlaufen brachte. So etwas gibt es nur in unserer Armee.

Militärärzte haben ihre eigenen Strukturen, sie praktizieren in Militärkrankenhäusern und haben trotzdem militärische Ränge, teilweise recht hohe, deswegen sind sie einem übergeordnet und nehmen es sich nur zu oft heraus, einfache Zeitsoldaten von oben herab zu behandeln. Von solchen Militärärzten hört man nicht selten einen Ton, den sich bei den Luftlandetruppen nicht einmal unsere direkten Vorgesetzten erlauben würden.

Jeder erwachsene Mann, der was auf sich hält, fühlt sich erniedrigt, wenn man so mit ihm spricht. Ich sah ihr an, dass sie sich für etwas Besseres hielt, weil sie Majorin war, deswegen regte mich ihr Tonfall umso mehr auf. Da kommt man aus dem Krieg zurück, hat sein Leben riskiert, seine Gesundheit ruiniert, während diese Dame hier damit beschäftigt war, Speckröllchen anzusetzen, und jetzt brüllt sie einen auch noch an und versucht einen zu »erziehen«, weil sie Majorin ist und man selbst ein einfacher Zeitsoldat, der obendrein ziemlich beschissen aussieht: abgemagert, unrasiert, in einem albernen Pyjama, und vom Bett kommt man auch nur mit Mühe hoch, ächzend wie ein alter Mann, weil der ganze Körper wehtut.

So ein Verhalten der Militärärzte ist nicht ungewöhnlich, ich war selbst oft damit konfrontiert und habe es auch von anderen gehört, dass dich irgendein Allgemeinmediziner oder Chirurg mit Kapitäns- oder Majorsrang, der keinen einzigen Tag in der wirklichen Armee gedient hat, zu »erziehen« versucht, anstatt dich medizinisch zu behandeln (was seine Pflicht ist). Wie im Fall dieser Majorsdame, die, wenn es einem eh schon beschissen geht und im Laufe des Tages kein einziger Arzt gekommen ist, um zu fragen, wie du dich fühlst, auch noch mitten in der Nacht aufkreuzt und dich anbrüllt, dass du dich zu langsam anziehst … Meine Augen durften damals ziemlich tollwütig ausgesehen haben, aber alles, was ich aus mir herauspressen konnte, war: »Kein Grund, mich anzubrüllen«, dann schnürte ich weiter meine Kampfstiefel, mit der gleichen Geschwindigkeit wie vorher, aber nicht, um sie zu ärgern, sondern weil ich es wirklich nicht schneller konnte. Das regte sie auf, es war nicht zu übersehen, dass sie es gewohnt war, Befehle zu erteilen. Also keifte sie: »Wie redest du mit mir? Ich rufe gleich die Militärpolizei!«

Ich stand auf, ging ein Stück von ihr weg, setzte mich und erwiderte, wobei ich die Stimme erhob: »Gehen Sie weg, rufen Sie die Militärpolizei, aber brüllen Sie mich nicht an.« Empört darüber, dass sie ihre Portion Selbstbestätigung durch die Erniedrigung anderer nicht bekommen hatte, verließ die Majorin das Zimmer, nicht ohne mir vorher erneut mit der Militärpolizei zu drohen, obwohl ihr dafür jede rechtliche Grundlage fehlte. Ein paar Minuten später hatte ich mir die Schuhe gebunden, mich von meinem tauben Zimmernachbarn verabschiedet und ging mit einer großen Mülltüte über der Schulter (einen Rucksack hatte ich nicht) nach draußen. Darin waren mein Tarnmantel und Turnschuhe, die mir ein Soldat der Spezialkräfte aus Stawropol geschenkt hatte. Draußen auf dem Hof musste ich feststellen, dass der Wagen, der mich abholen sollte, noch nicht da war. Der ganze Lärm, dass jemand es leid sei, auf mich zu warten, war also leere Luft gewesen. Es regnete, aber ich blieb noch etwa zehn Minuten draußen stehen, weil ich von dieser hysterischen Ärztin mit Majorsrang so genervt war, dass ich lieber im Regen wartete, als ihr noch mal zu begegnen. Irgendwann rollte ein UAZ auf den Hof, ich stieg ein, sofort kam die Majorin angerannt und gab dem Fahrer meine Unterlagen mit dem Kommentar, dass ich sie nicht in die Hände kriegen dürfe. Wir fuhren los.

Übrigens war es eben diese Majorsdame gewesen, die vorige Nacht friedlich geschlummert hatte, anstatt uns zu empfangen, als wir nach unserer Evakuierung eine halbe Stunde draußen in der Kälte standen. Scheiß auf mich, aber die anderen hatten fast alle Splitter- oder Schusswunden, bei einigen waren die Verbände längst durchgesuppt, manche wimmerten, weil die Schmerzmittel aufgehört hatten zu wirken. Es ist eine Sache, dass man so etwas im Kampfgebiet erdulden muss, aber wenn sich Menschen »zu Hause«, wo die staatlich finanzierten Versorgungsstellen eigentlich funktionieren sollten, so nachlässig verhalten – ist das etwa keine Gefahr für unser Land? Wenn jemand deswegen sein Leben verliert oder dadurch zum Krüppel wird, ist das etwa keine verbrecherische Schlampigkeit der Ärzte? Aber wir Soldaten dürfen ja keine Information über Probleme in der Armee verbreiten.

Es tut mir leid, ich wollte nicht unfair sein. Vielleicht ist diese Ärztin ja ein guter Mensch und erfüllt ihre Arbeit verantwortungsvoll. Und dass sie die Ankunft eines Busses mit Verwundeten verschlafen hat, liegt vielleicht allein daran, dass in dem Krankenhaus Personalmangel herrscht und sie wahnsinnig viele Überstunden macht, die sicher nicht bezahlt werden. Ich habe Krankenschwestern und Ärzte oft darüber klagen hören, aber dann muss ich mich wieder fragen, ob sie nicht selbst schuld sind. Denn wie alle anderen auch beschweren sie sich nicht bei den Arbeitskomitees, Staatsanwälten oder Gerichten (wohin vorzudringen ein großes Problem ist) darüber, dass sie allein den Job mehrerer Personen machen müssen, dass Überstunden nicht bezahlt werden, dass ihnen die nötigen Medikamente und Geräte fehlen. Sie nehmen es hin, was sich im Endeffekt in der Qualität ihrer Arbeit niederschlägt, und ihre Wut darüber lassen sie dann an anderen aus. Beispielsweise hat mich der Feldarzt an der Front vor der Evakuierung darum gebeten weiterzugeben, dass er keine Spritzen und Schmerzmittel mehr hat. An der Front fehlt sogar das! Wenn sie uns alle einfach nur loswerden wollten, dann hätte ich keine weiteren Fragen, aber wenn das nicht so ist, dann würde mich interessieren, wer die Verantwortung trägt für die Leben Tausender russischer Soldaten, die Befehle ausführen und nicht einmal die medizinische Hilfe bekommen, die ihnen gesetzlich zusteht!

Bei einem meiner Kameraden, der am Flughafen von Nikolajew gefallen ist, wurde letzten Sommer in unserem Militärkrankenhaus in Feodossija ein Leistenbruch diagnostiziert. Er hat mir erzählt, wie er mit Lokalbetäubung auf dem Operationstisch lag, im Bewusstsein, dass man ihn gerade aufgeschnitten hatte, als er die Ärzte flüstern hörte, dass er gar keinen Leistenbruch hätte! Solche Geschichten gibt es tausendfach, aber die Wahrheit ans Licht zu bringen und eine Bestrafung der Schuldigen zu erreichen ist unmöglich, so funktioniert nun mal das Zusammenspiel von staatlichen Einrichtungen und Rechtsprechung. Gewöhnliche Zeitsoldaten kennen ihre Rechte meistens nicht gut genug, und die Staatsanwälte des Militärs bieten ihre Hilfe nur in Fällen an, die sie selbst für relevant erachten.

Wenn ich schon bei dem Thema bin, möchte ich anmerken, dass ich überhaupt gegen Frauen in der russischen Armee bin. Wenn, dann sollen sie den gleichen Dienst ausüben wie die Männer, so wie in Israel oder den USA. Oder eben gar nicht.

In unserer Armee sind die Frauen größtenteils Dekoration, eingestellt von ihren Männern oder Liebhabern, ein paar Feldärztinnen vielleicht ausgenommen, die wirklich versuchen zu helfen, obwohl nicht allzu viel in ihrer Macht steht. Von Schoigus Generalinnen hingegen, seinen jungen Günstlingen, denen höhere Ränge verliehen werden als so manchem Regimentskommandeur, fange ich gar nicht erst an. Auf die Idee muss man erst mal kommen, so etwas einzuführen. Nicht auszudenken, wie wenig Verständnis und Respekt man da für die eigene Armee haben muss.

Um noch einmal zu dem Thema der Militärmedizin zurückzukehren: Es genügt schon ein Vergleich der Verbandpäckchen eines russischen und eines amerikanischen Soldaten (die amerikanischen sieht man jetzt häufig bei den ukrainischen Streitkräften). In unserem befindet sich eine Abschnürbinde, ein Mullverband und Trimeperidin, und auch das nicht immer, wie die Praxis gezeigt hat. Wirft man einen Blick in das amerikanische, versteht man ohne Schulung gar nicht gleich, worum es sich da handelt. Der einfachste Vergleich, der mir einfällt, ist der eines Schiguli mit einem Mercedes. Aber uns wurde ja verboten, über unsere Dienstzeit zu sprechen, sonst erfährt noch jemand von den Problemen. Es ist einfacher sie zu verheimlichen, als etwas zu verändern.

Während der Fahrer mich in die Augenabteilung ans andere Ende der Stadt brachte, saß ich rauchend da und versuchte wieder runterzukommen. Von ihm habe ich auch erfahren, dass sie in dem neuen Militärkrankenhaus niemanden lange behalten, sondern gleich auf die Militärkrankenhäuser oder Sanatorien in anderen Städten verteilen. Mir fiel der Ordner wieder ein, den die Majorsdame ihm gegeben hatte, und ich fragte ihn, ob ich mal reinschauen dürfe. Es war das Formular eines Berichts darin, auf dem meine gesundheitlichen Beschwerden aufgelistet waren, dann noch einige Werte, auf die ich in Wirklichkeit gar nicht untersucht worden war. Es waren viele Blätter, auf allen stand etwas über meine Gesundheit; die meisten Parameter waren aufs Geratewohl ausgefüllt.

Vielleicht haben die Ärzte wegen des endlosen Papierkrams und der Überbelastung keine Zeit, ihre Patienten mit größerer Aufmerksamkeit zu behandeln – welche Erklärung kann es sonst geben? »Klagt über Schmerzen in den Beinen und im Rücken.« Ganz unten noch handschriftlich mit einem salatgrünen Marker: »Verhält sich aggressiv, missachtet den militärischen Gehorsam.«

Das ist alles, was man über die Armee wissen muss: Wenn du kein Arschkriecher vor den Offizieren bist und nicht zu allem Ja und Amen sagst, wirst du gebrandmarkt. Aber dass sie selbst den militärischen Gehorsam achten – das kannst du vergessen. Deswegen reißt manchen die Geduld, wegen der Ungerechtigkeit, die ihnen widerfährt, und sie legen sich unverhohlen mit der Führung an, womit ihre Karriere noch im selben Augenblick besiegelt ist, denn in unserer heutigen Armee will man nur opportunistische Tölpel.

Die Fahrt durch Sewastopol bei Nacht endete auf dem riesigen Gelände eines Militärkrankenhauses. Die Gebäude hatten ihre guten Zeiten lange hinter sich – ein Erbe aus der Sowjetunion, wie übrigens fast alles, was uns umgibt, aus diesem großen Land der Vergangenheit stammt. Wieder schleifte man mich durch Anmeldungsbüros, dann schickte man mich in die Augenabteilung. Es war schon gegen 21 Uhr. Das Krankenhaus hier war nun ganz etwas anderes. Naiv, wie ich war, hatte ich schon zu glauben begonnen, dass man mich medizinisch gut versorgen würde, wenn ich von der Front zurückkehrte. Dieses Militärkrankenhaus glich eher dem legendären, immerzu versprochenen, aber nie aufgetauchten Panzer »Armat« und vielem anderen, das nur zum Schein existiert.

25.02.2022, Vormittag

Zwei Uhr in der Nacht. Kaum sind wir eingeschlafen, weckt uns die Patrouille, damit wir sie ablösen. Wir sind durchgefroren bis auf die Knochen. Irgendwo in der Ferne sind Schüsse und Explosionen zu hören. Wir patrouillieren in vollkommener Dunkelheit, schreiten energisch auf und ab, um uns aufzuwärmen. Alle scheinen jetzt einander näher, die Offiziere nahbarer. Eine Stunde später wecken wir die Ablösung, wickeln uns wieder in die Schlafsäcke und schlafen bibbernd ein.

Gegen fünf in der Früh werden alle geweckt, wir sollen uns zur Weiterfahrt bereit machen, aber alle sind auch so bereit – keiner hat sich ausgezogen oder in ein Bett gelegt, alle haben in den Wagen geschlafen, ich habe nicht mal wen gesehen, der seine Schuhe ausgezogen hätte. Auf irgendetwas warten wir noch, bis wir endlich bei Morgengrauen aufbrechen. Von Wagen zu Wagen wird weitergegeben, dass wir uns wegen möglicher Hinterhalte bereithalten sollen. Die MTW der Aufklärung fahren voran, der Rest folgt mit geringem Abstand. Die allgemeine Stimmung ist gestiegen; ich wundere mich, dass uns niemand angegriffen hat, bei unserer fragilen Situation. Das heißt also, dass die

Dinge gar nicht so schlecht stehen und es bei den ukrainischen Streitkräften noch schlechter ist – oder dass wir gleich in eine Falle tappen.

Die Kolonne schleicht über Feldwege und unbefestigte Straßen. Wieder bleibt ein LKW stecken. Weil er zu schwer beladen ist, hat er sich im Sand festgefahren. Wir machen uns daran, die Minen in einen anderen LKW zu verladen. Ich schleppe, wie alle anderen, Minenkisten, motze aber vor mich hin, dass es besser wäre, den Wagen zurückzulassen und zu unseren Leuten zu fahren, wir verlieren schon wieder Zeit. Ein Offizier, der neben mir steht, ein alter Bekannter, zieht mich grinsend auf: »Schreib doch eine Beschwerde ans Verteidigungsministerium!« Er starrt mich an, wartet, was ich wohl dazu sage. Ich bleibe stehen und halte ihm eine Standpauke, dass wenn das alle tun würden statt Bildberichte zu schreiben und sinnlose Arbeiten zu erledigen, wenn wir etwas lernen und reale Kampfvorbereitung durchführen würden, wir jetzt nicht so am Arsch wären, ohne Funk und mit einem Haufen Militärgerät, das es nicht bis nach Cherson schafft.

Er wendet den Blick ab, tut so, als hätte er weit hinten etwas ganz Spannendes entdeckt. Ich weiß nicht, ob das bedeuten soll, dass er nicht diskutieren will oder dass er mir recht gibt. Nach militärischem Gehorsam darf ich gar nicht so mit ihm reden, deswegen beschließe ich, nicht weiter aufzufallen und Kisten zu schleppen.

Eine Stunde später kann der entladene LKW aus dem Sand gezogen werden. Die Kolonne kommt auf eine asphaltierte Straße, bleibt aber gleich darauf schon wieder stehen. Ich verfluche alles um mich herum – wir halten an der perfekten Stelle für einen Hinterhalt, rechts und links ist Dickicht.

Ich springe aus dem URAL ohne Bremsen und stecke mir eine Zigarette an. Neben mir steht ein MTW-82 der Aufklärung, niemand kommt mir bekannt vor. Das Regiment wurde gerade erst formiert, nicht alle kennen einander, außerdem wurde uns ein Aufklärungsbataillon der 7. Division angegliedert. Da ich keine bekannten Gesichter sehe, schließe ich daraus, dass es ein MTW der Siebten sein muss. Ich gehe schweigend dran vorbei, genüsslich eine meiner letzten Zigaretten rauchend. Plötzlich ruft jemand fröhlich aus dem Transporter: »He, warum grüßt du nicht?« Mir wird klar, dass es der junge Leutnant ist, der die Fallschirmjägervorbereitung durchgeführt hat. Er ist viel jünger als ich, aber einer der Offiziere, die ich wirklich respektiere. Ich habe ihn manchmal im Stadion getroffen, er ist ein sehr guter Läufer, wahrscheinlich besser als die meisten im Regiment. Ihm hat die Führung den Wunsch zu dienen noch nicht vergällt. Er ist zur Aufklärung gewechselt, was ich eigentlich auch wollte, aber was mir wegen meines Verhältnisses zum Kompaniechef und der dämlichen Idee, mich beim Verteidigungsministerium zu beschweren und dieses Schweinesystem zu brechen, nicht gelungen ist. Wir stehen da und plaudern lächelnd über alles und nichts. Mir fällt auf, dass sich alle jetzt öfter liebevoll mit »Bruder« ansprechen, und wenn sie auf Bekannte treffen, immer recht herzlich und fröhlich miteinander reden.

Plötzlich taucht der Regimentsarzt neben uns auf – er sucht einen Platz, an dem er einen Verwundeten unterbringen kann. Ich habe ihn nachts bei der Patrouille getroffen und wir haben trotz früherer Konflikte, als ich mit der Lungenentzündung im Militärkrankenhaus lag und man mich nicht in die Krankenliste aufgenommen hatte, ein gutes Gespräch über die gegenwärtigen Zustände geführt. Als er sieht, dass auf unserem URAL ohne Bremsen nur zwei Mann sind und die Ladefläche voller Minenkisten ist, auf die man die Trage mit dem Verwundeten stellen kann, entscheidet er sich für unseren Wagen.

Er lässt einen jungen Mann im Fieberwahn zu uns bringen, klettert auf die Ladefläche, gibt ihm eine Spritze und deckt ihn mit einem Schlafsack zu. Wir sollen auf ihn achtgeben, sagt er noch, und wenn die Blutung wieder losgeht, die Abschnürbinde enger ziehen. Es scheint der Junge zu sein, dem man beim Drehen der Panzerkanone das Bein gebrochen hat. Er liegt da und wimmert leise, hin und wieder schaut er, ob er blutet. Immerzu klagt er, dass ihm kalt sei, deswegen legen wir auch unsere Schlafsäcke noch auf ihn. Später habe ich erfahren, dass er gestorben ist. Anstatt ihn, wie in amerikanischen Filmen, in ein Militärkrankenhaus zu hübschen, geschwätzigen Krankenschwestern zu evakuieren, wurde er in einem URAL ohne Bremsen auf Minenkisten immer weiter ins feindliche Hinterland gebracht.

Während der gesamten Fahrt sitzen der junge Mörserschütze und ich am Rand der Ladefläche, hoch konzentriert rechnen wir jeden Augenblick mit einem Hinterhalt. Mittlerweile weiß ich, dass unsere Aufgabe im Fall eines Angriffs darin besteht, die Mörser sofort auszuladen, aufzubauen, sie nach den Koordinaten einzustellen und das Feuer zu eröffnen, um die Infanterie zu unterstützen. Es sind 82-mm-Mörser mit einer maximalen Reichweite von vier Kilometern. Mit denen hat noch nie jemand hier geschossen, sie wurden der Einheit gerade erst zugeteilt, vorher hatten die Jungs nur 120 mm. Einfach großartig, wie immer alles auf den letzten Drücker, und die Soldaten können zusehen, wie sie klarkommen.

Wir fahren über grauenhaft schlechte Straßen, vorbei an irgendwelchen Datschen, Gewächshäusern, Dörfern. Die wenigen Menschen, die wir in den Ortschaften antreffen, beobachten uns grimmig. An manchen Häusern hängen geradezu demonstrativ ukrainische Flaggen. Sie springen einem ins Auge und verursachen gemischte Gefühle. Einerseits beeindruckt der mutige Patriotismus dieser Leute, anderseits sind das jetzt die Farben des Feindes, die Menschen lassen uns damit also deutlich wissen, dass wir hier nicht willkommen sind. Ein Gefühl der Unruhe und Gefahr geht von den Häusern aus. Wenn mir hier etwas verdächtig vorkommen sollte, würde ich ohne nachzudenken schießen – eine Unaufmerksamkeit oder ein Zögern können meinen und den Tod meiner Kameraden bedeuten. Zweifel sind gefährlich. Gleichzeitig will ich niemanden töten, ich will, dass das alles ohne Blutvergießen endet. Mir ist immer noch nicht klar, was uns erwartet und wie die Lage ist. Was passiert in der Welt? Wer hat wen angegriffen? Wozu brauchen wir Cherson? Was ist mit denen, die gestern vorausgefahren sind? Und warum, zum Teufel, bin ich zu den Mörserschützen?

Schließlich kommen wir gegen acht Uhr auf eine große Straße, kurze Zeit darauf fahren uns unsere Männer entgegen: MTW, »Tigr« … Die Tigr sind definitiv nicht aus der

56., also rufe ich ihnen zu: »Männer, von wo seid ihr?« Als Antwort kriege ich: »11. Regiment! Und ihr?« Wir fahren langsam weiter, ich sehe einen abgeschossenen MTW, der von der Straße abgekommen ist, dann noch mehr abgeschossene Fahrzeuge, verlassene LKW mit Haubitzen, manche von Kugeln zersiebt. Keine Ahnung, zu wem die gehören – die Haubitzen haben eine merkwürdige Farbe, ein paar Wagen sind grün wie unsere, andere nicht. Auf der Straße Glassplitter, Blut, Brandspuren, Schmutz, Patronenhülsen, die Luft riecht nach Blut und Gefecht. Manche Wagen qualmen noch, bei manchen steht ein Z auf den Flanken, wenn auch ganz klein. Offenbar ist das Militärgerät in die andere Richtung unterwegs gewesen und musste während der Fahrt improvisieren. Es wirkt ganz so, als hätten unsere Männer eine Kolonne der ukrainischen Streitkräfte vernichtet, die aus Cherson kam. Aber warum hätten sich die Ukrainer kleine Zs an ihr Gerät malen sollen? War das doch unsere?

Später höre ich Gerüchte, dass unsere Männer in dieser Nacht unsere eigene Kolonne zerstört haben. Das wird mir auch der kleine Zeitsoldat bestätigen, mit dem ich mir in der Augenabteilung des Militärkrankenhauses in Sewastopol das Zimmer teilen werde …

Neben uns reihen sich UAZ zu einer Kolonne. Sie sind aus meiner alten Kompanie. Unsere Kolonne hält daneben, ich springe aus dem URAL ohne Bremsen und laufe zu meinen Jungs. Von nahem sehe ich, dass sie ziemlich neben sich stehen. Ich gehe von Wagen zu Wagen, frage, wie es ihnen gehe. Und kriege nur konfuse Antworten: »Alter, das ist die totale Scheiße.« – »Wir haben die ganze Nacht gekämpft, hast du ’ne Kippe?« – »Der absolute Irrsinn. Was ist mit deinem Auge?« – »Ich hab die Leichen von der Straße aufgesammelt, einer hat sein ganzes Hirn auf dem Asphalt gelassen.« – »Gib mal was zu rauchen, wir haben nichts mehr. Wer hat dir denn eins verpasst?« – »Hey, wo warst du denn? Gib mir mal ’ne Kippe.«

Die ganze Zeit fahren Zivilwagen an uns vorbei, Taxis und Krankenwagen manövrieren um das Militärgerät. Manche der Fahrzeuge sehen verdächtig aus, aber niemand beachtet die Zivilisten, nur manchmal wird einer angehalten, um Zigaretten zu schnorren. Alle sehen fertig aus, auch hier nennen sich alle dauernd »Bruder«.

Ich sehe einen Offizier, den ich kenne, unsere Blicke treffen sich, aber ich beschließe weiterzugehen, jetzt ist nicht die Zeit für Konflikte. 2014 wurde er direkt am ersten Kriegstag verwundet und deshalb mit einem Tapferkeitsorden ausgezeichnet. Er erzählte den Grünschnäbeln gern davon, was für ein Profi er doch war. Ich fand es ganz witzig, mir seine Geschichten anzuhören, also lauschte auch ich schweigend mit einem Grinsen auf den Lippen. Aber am 22. Februar erzählte er den Jungs am Lagerfeuer, dass sein Regiment und er »die Ukrainer wie die Welpen kaltgemacht« hätten, wie und in welchem Dorf seine Kompanie die ukrainischen Streitkräfte vernichtet hätte. In mir brodelte es, mir war klar, wie gefährlich solche »Legenden am Lagerfeuer« sind, also mischte ich mich ein und fing an, unbequeme Fragen zu stellen. Nach diesem Abend war unser Verhältnis hinüber, ihm war anzusehen, dass er wieder auf dem Boden der Tatsachen angekommen war.

Ich gehe weiter von Wagen zu Wagen meiner alten Kompanie, grüße und freue mich aufrichtig, die Jungs zu sehen. Ich will wissen, ob wir Verluste zu verzeichnen haben. Man sagt mir, der junge Leutnant, der Zugführer war, mit dem ich mich zerstritten habe und wegen dem ich jetzt in der neuen Einheit bin, dieser Leutnant werde vermisst. Später erfahre ich, dass er mit dem Bataillonschef und zwei Kompanien vorausgefahren ist; was mit ihnen passiert ist, weiß niemand, wahrscheinlich sind sie am Arsch …

Warum ist die 6. Sturmkompanie nicht dort, wo der Chef des Bataillons und die zwei anderen Kompanien sind? Warum sind sie stattdessen hier? Ich verstehe es nicht. Einer der klügeren Jungs der Kompanie setzt sich neben mich und stöhnt: »Pawel, das ist der reinste Alptraum. Offensichtlich hat unser Kompaniechef es verpeilt und uns an die falsche Stelle geführt, wir haben uns verfahren, aber damit hat er uns gerettet. Der Bataillonschef mit den zwei Kompanien ist hundertprozentig am Arsch. Heute Morgen war der Regimentskommandeur hier und hat den Kompaniechef vor allen anderen zusammengefaltet. Wo warst du eigentlich? Gib mal ’ne Kippe.«

Während ich weiter durch die Kolonne gehe, unterhalte ich mich noch mit ein paar Jungs von dem 11. Luftsturmregiment und einer Spezialeinheit der Marineinfanterie. Es sind nicht viele, aber diese Einheiten haben Tigr-Panzerwagen. Klar ist nur eins: Die Kompanie hat ihre Feuertaufe erhalten, gut, dass alle noch am Leben sind, obwohl es merkwürdig ist. Laut den Erzählungen haben die Kämpfe die ganze Nacht angedauert. Die Jungs sagen, es seien drei Parteien gewesen: unsere, die Ukrainer und noch jemand drittes. Es ist unrealistisch, dass es keine Verluste nach einem Kampf gibt, der die ganze Nacht gedauert hat. Aber Furcht hat tausend Augen, wie man sagt.

Es ertönt das Kommando »In die Wagen!«. Ich versuche die gesammelte Information zu verdauen, während ich vorsichtig auf die Ladefläche des URAL ohne Bremsen klettere – bloß nicht noch das andere Auge aufschlagen. Den Verwundeten hat man weggebracht. Offenbar stehen die Dinge bei uns also gar nicht so schlecht.

Wir formieren die Kolonne auf der Straße in mehreren Reihen. Ein Kamerad kommt vorbei und gibt uns zwei EPas und Wasser in Anderthalbliterflaschen. Gestern haben wir nichts gegessen, daher öffnen wir eine EPa sofort, nehmen jeder eine Konserve heraus und essen sie kalt. Eigentlich haben wir keinen Hunger, das Adrenalin überlagert das Hungergefühl, denn es ist klar, dass wir gleich wieder Richtung Cherson aufbrechen und es sicher zu Zusammenstößen mit dem Feind kommen wird.

Zivilisten mit Taschen passieren die Kolonne, wahrscheinlich fliehen die Menschen vor dem Krieg. Die meisten kommen zu Fuß oder mit dem Auto aus Cherson, von dort, wohin wir unterwegs sind. Einerseits tun mir diese Menschen leid, andererseits macht es mich rasend, dass wir Autos, ohne sie zu kontrollieren, durch die Kolonne lassen. Denn jetzt ist es offensichtlich, wir haben Krieg, und niemand begrüßt uns hier mit offenen Armen. Unter diesen Menschen sind sicher Militärs, sie können unsere Koordinaten jederzeit an die Artillerie, Luftwaffe oder Drohnenleitung weitergeben, und dann war es das mit unserer dicht an dicht stehenden Kolonne.

Mir fällt ein junger Mann auf, der in Zivil an uns vorbeigeht, im Gegensatz zum Rest in Richtung Cherson. Ich stehe auf und rufe ihn: »Komm mal her!« Erschrocken kommt er. Er sieht aus wie zwanzig, klein, sonnengebräunt, er trägt schmutzige Kleidung, die ihm zu groß ist. Es ist nicht zu übersehen, dass er aus Angst vor mir ein wenig zittert. Er hat etwas an sich, was mich vorsichtig stimmt, ich frage ihn aus, wer er sei, was er in der Richtung wolle. Er antwortet hastig auf Russisch mit starkem ukrainischem Akzent, dass er sonst wo auf einer Farm gearbeitet hat, aber wegen des Kriegs hat ihn sein Chef entlassen, er wohnt in der Oblast Nikolajew und ist jetzt nach Hause unterwegs.

Mir kommt das alles wie der letzte Schwachsinn vor, er wirkt alles andere als vertrauenerweckend, eher wie ein verkleideter Soldat. Das sage ich ihm auch, was ihn noch mehr zittern lässt, stotternd rechtfertigt er sich und hält mir einen Plastikpass hin. Er ist wirklich zwanzig.

Wir versuchen ihn zu beruhigen, reden auf ihn ein, dass wir ihm nichts tun, raten ihm aber, jetzt nicht nach Cherson zu gehen – es scheint ganz so, als würde es dort bald zur Sache gehen, Zivilisten sollten lieber nicht zwischen die Fronten geraten. Der Junge brabbelt weiter, er habe nichts zu essen, deswegen müsse er gehen … Mein Kamerad und ich sehen einander an und geben ihm eine unserer EPas. Ich sage, er solle in den Wald gehen, dort ein Feuer machen, sich aufwärmen, was essen und erst weitergehen, wenn wir weg seien. Er nimmt die EPa und geht in den Wald.

Ich habe den Eindruck, dass der Junge lügt. Aber was soll ich mit ihm machen, selbst wenn ich recht habe? Vielleicht ist er ja desertiert, weil er nicht kämpfen wollte? Wut empfinde ich gegen ihn keine, scheiß doch drauf, er tut mir eher leid, und eine Art Schuldgefühl meldet sich in mir, weil wir in die Leben dieser Menschen reinplatzen und sie zerstören. Aber was, wenn ich recht habe und er zu seinen Leuten geht und unsere Koordinaten weitergibt? Andererseits sind uns sowieso schon Hunderte Autos mit Dashcams entgegengekommen, manche haben uns ganz unverhohlen mit ihren Handys gefilmt. Was für ein Wahnsinn.

Die Bummelei mit der Aufstellung der Kolonne zieht sich bis Mittag, danach geht es endlich los, und wir preschen Richtung Cherson. Wir fahren an zerstörtem, ausgebranntem, zurückgelassenem ukrainischem Gerät vorbei, alles ist alt, sowjetisch, noch schlimmer als bei uns: MTW, Kurzstreckenraketen, GAZ-Laster, URALs, alte Flugabwehr à la Osa. Manches wirkt, als wäre es von Hubschraubern beschossen, der Großteil aber zurückgelassen oder aus Kleinwaffen beschossen worden, höchstwahrscheinlich von unseren Jungs, die nach vorn durchgebrochen sind. Was ist wohl jetzt mit ihnen?

Ein paarmal bleibt die Kolonne stehen, und wir springen auf das Kommando »Zum Gefecht!« aus den Wagen, gehen am Straßenrand in Stellung. Vorn wird geschossen, an der Spitze der Kolonne, bei den MTW der Aufklärung. Ein Haufen von knapp zehn Leuten wirft sich neben mir auf den Boden, ich brülle sie an, sie sollten sich verteilen und nicht so zusammenrotten. Alle wirken ratlos. Ich brülle weiter, sie sollten die Waffen nicht aufeinander richten, einer kommentiert blöd grinsend: »Oh, wir haben einen Profi unter uns.« Da feuert der Fahrer des URAL ohne Bremsen plötzlich, die Kugel geht direkt neben mir in den

Boden. Er läuft rot an und entschuldigt sich sofort, das sei ein Versehen gewesen.

Wir schauen in den Wald, dorthin hat ein BDM-Panzer ein paar Schüsse abgegeben, die Stämme mehrerer Bäume haben sich in Sägespäne verwandelt. Danach feuert einer aus der Mitte der Kolonne noch mal in den Wald, es geht die Info um, dort sei der Feind. Ich liege da, starre in den Wald, das Adrenalin schießt durch die Adern, das Wetter ist kalt und grau, der Wald vor uns sieht düster aus, und man sieht einen Scheiß, was da drin vor sich geht.

Zehn Minuten später wieder das Kommando »In die Wagen!«. Wir kommen zu einer Abzweigung, ausgeschildert sind Cherson und Odessa. Kurz kommt mir der Gedanke, dass ich mein Leben lang mal nach Odessa wollte. Ich dachte immer, dass es mir dort bestimmt sehr gefallen müsste. Marschieren unsere Truppen jetzt echt einfach so in die Städte hier ein, führen irgendeine Art Referendum durch und gliedern sie alle an Russland an? Ich muss grinsen, weil mir der Werbeslogan »Träume werden wahr« einfällt.

Da sitze ich also auf Minenkisten am Rand der Ladefläche eines URAL ohne Bremsen und ziele in einen finsteren Wald rechts von mir. Mein Partner neben mir zielt in den Wald nach links. Die Kolonne rast mit hoher Geschwindigkeit, ich sehe ein paar Zivilwagen am Straßenrand, einen unserer Tigr – ausgebrannt –, einen Rys, auch von uns, von einer RPG getroffen, der Wagen ist verlassen, aber nicht ausgebrannt.

In meinem Kopf überschlagen sich die Gedanken. Was wird uns wohl in Cherson erwarten? Ich glaube kaum, dass uns der Bürgermeister mit Brot und Salz willkommen heißt, die Flagge der Russischen Föderation über dem Regierungsgebäude hisst und wir wie bei einer Parade in die Stadt einziehen. Alles, was ich in den letzten zwei Tagen gesehen habe, hat wenig Ähnlichkeit mit dem Szenario auf der Krim vor acht Jahren. Ich verstehe diese zwei Kriegstage nicht. Was passiert hier? Was passiert in Russland? Was im Donbass? Was passiert in der Welt?

Ich hoffe nur, dass unsere Führung nicht auf die Idee kommt, als Kolonne in die Stadt einzuziehen. Soweit ich weiß, ist Cherson eine Großstadt. Wenn wir da als Kolonne ankommen, machen die uns kalt. Grosny war viel kleiner. Lernen wir denn gar nichts aus den Fehlern der Vergangenheit? Ich kenne unser Level der Organisation und Vorbereitung und stelle mich auf das Schlimmste ein. Wie schlecht müssen denn die Dinge in der ukrainischen Armee stehen, dass unsere Führung dachte, wir könnten die Stadt im Handumdrehen einnehmen, an einem Tag? Gestern hätte uns noch der Überraschungseffekt in die Hände gespielt, aber es war ja abzusehen: Wenn in Friedenszeiten schon Chaos herrscht, wird es im Krieg nur noch viel schlimmer.

Ich sitze in Schutzweste und Helm da, das zerkratzte Visier des Helms schützt zwar vor dem Straßenstaub, verhindert aber eine klare Sicht. Die Ausrüstung ist unbequem, die Schnalle am Gurt meines Maschinengewehrs kaputt, weswegen ich ihn mit einem Ladestock fixieren musste. Die Sturmhaube ist kalt und stört beim Atmen. Von der Schutzweste tun mir die Schultern weh, ich habe sie seit zwei Tagen nicht ausgezogen. Die Kampfstiefel sind unbequem, die Füße schwitzen darin und werden kalt. Diese dämlichen weißen Bänder an Arm und Bein sind längst dunkel vom Staub und Dreck, wer hat sich das überhaupt einfallen lassen? Sind wir hier beim Paintball, oder was? Im Gefecht erkennt die auf Entfernung sowieso keiner. Noch zwei Zigaretten in der Schachtel, die anderen haben auch keine mehr. Okay, jetzt reiß dich mal zusammen, wir haben sicher einen Plan!

Offenbar ist hier irgendwo die Brücke über den Dnjepr. Plötzlich werden wir langsamer, bleiben stehen, fahren extrem langsam weiter. Militärfahrzeuge von uns rasen an uns vorbei – in die entgegengesetzte Richtung! Man sieht, dass die Fahrer das Gaspedal komplett durchdrücken, alles rausholen, was geht. In den vorbeirasenden Wagen sehe ich bekannte Gesichter, Panik steigt in mir auf. Die ganze Kolonne fährt mit Vollspeed zurück, auch unser Fahrer dreht um und gibt Gas. Alle, die können, überholen uns.

Was passiert da?

Eine ältere Sanitäterin gab mir zwei alte Krankenhauspantoffeln in verschiedener Größe und brachte mich in einem Krankenzimmer mit einem jungen Zeitsoldaten unter. Danach führte sie mich zu einem Augenarzt, der mich zum zweiten Mal untersuchte und eine Behandlung anordnete.

Die ganze nächste Woche verbrachte ich mit Essen, Schlafen und dem Schauen von Nachrichten aus der Ukraine auf dem Fernseher im Empfangsraum, ich wollte alle Informationen, die zugänglich waren. Außerdem unterhielt ich mich im Raucherzimmer mit den Jungs – unsere ganze Abteilung war voll mit Verwundeten: Splitter, Verbrennungen, Augenverletzungen.

Was die Fernsehnachrichten anging, so begriff ich nicht, warum sie dort nicht die Wahrheit sagten. Über den Krieg wurde kaum berichtet, und keine Spur von Objektivität. Zwei Fälle, von denen sich zu erzählen lohnt:

Gleich am ersten Tag setzte ich mich begierig vor den Fernseher, um echte Nachrichten von der Front zu hören, aber da lief nichts als leeres Geschwätz und ein paar sonst wo gedrehte Reportagen. Ich fühlte eine tiefe Dissonanz zwischen dem, was ich gesehen hatte, und dem, was sie in den Nachrichten zeigten. Dort, in Stellung unter Beschuss, herrschte das Gefühl »Kein Schritt zurück, hinter uns liegt Stalingrad« – als müssten wir mit letzter Kraft die Stellung halten, unser Hunger, Schmerz, Schlafmangel und unsere Verluste taten nichts zur Sache. Aber in den Nachrichten hieß es, die Verluste seien minimal, und das ganze Land versorge uns mit allem, was das Herz begehrt.

Dann erwähnte die Sprecherin die Meldung, dass auf dem Kreuzer *Moskwa* ein Feuer ausgebrochen sei, das erfolgreich gelöscht und der Kreuzer irgendwohin geschleppt worden sei. Diese Meldung weckte mein Interesse, von der Marine habe ich keine Ahnung. Plötzlich sagte ein junger Mann neben mir: »Das war mein Schiff, die *Moskwa* gibt es nicht mehr.« Er hatte auch etwas mit den Augen aufgrund einer Explosion. Von ihm erfuhr ich, dass die *Moskwa* das Flaggschiff und der gesamte Stolz der Schwarzmeerflotte war, und dass sie vierzig Kilometer vor Odessa waren, von wo sie Raketen abfeuerten, dann aber selbst von drei Raketen getroffen wurden, zwei schlugen in den Rumpf ein. Das Schiff fing Feuer, die

Besatzung wurde evakuiert, aber nicht vollständig … Noch eine ganze Woche lang wurde die Wahrheit über den Verlust des Kreuzers geheim gehalten, mittlerweile weiß jeder, dass er gesunken ist. Eine Schande und eine Tragödie, ich glaube kaum, dass Peter der Große oder Fjodor Uschakow auf unsere Flotte stolz wären.

Nachdem der junge Mann mir das erzählt hatte, rückte alles an seinen Platz, mir fiel wieder ein, dass man dem Fernsehen nicht glauben durfte.

Der zweite wichtige Fall, von dem mir ein Zeitsoldat erzählte:

Ein blutjunger dürrer Kerl mit krummem Rücken. Bei einem Gespräch bekam ich mit, dass er auch im Krieg gewesen war. Man hatte ihm gesagt: »Fahr hin, du musst gar nichts machen, du bist Funker.« Er war in einer Artillerieeinheit, gleich am ersten Kriegstag fuhren sie nach Cherson, an der Dnjepr-Brücke stießen sie mit den ukrainischen Streitkräften zusammen. Ein Teil des Regiments war über die Brücke durchgebrochen und kämpfte dort, während die Artillerie plötzlich begriff, dass sie an die Front geraten war, ukrainische Raketenwerfer sah, umkehrte und über die Straße wieder zurückfuhr, um die Haubitzen dem Gefecht zuzudrehen. Es war schon dunkel, die Funkverbindung funktionierte nicht, und wie bei allen anderen war das Z an ihren Fahrzeugen kaum erkennbar. Da wurden sie beschossen, einige Wagen brannten, hier und da lagen Leichen, der Rest floh panisch in alle Richtungen. Dieser junge Kerl war auch mit ein paar Kameraden geflohen und am nächsten Tag wieder zu unseren Leuten gelangt. Er erzählte mir (und es klingt glaubhaft, hatte ich doch selbst die ausgebrannten Fahrzeuge mit den Zs auf dem Weg zurück von der Front gesehen), dass die Kolonne von unseren eigenen Männern vernichtet wurde.

Der Preis für die Korruption und das Chaos in der Armee scheint mir zu hoch. So zu sterben, am ersten Tag der Kämpfe, durch *friendly fire* – wer wird sich für die toten und verwundeten Soldaten verantworten? War doch der Grund für ihren Tod nicht die Professionalität der ukrainischen Armee, sondern die Schlamperei der unsrigen.

Nach einer Woche der Behandlung wurden meine Augen wieder weiß und ließen sich öffnen, und der Arzt erlaubte mir meine Linsen zu tragen. Ich konnte wieder gut sehen, was den grauenhaften Zustand der Abteilung einschloss, in der ich untergebracht war, mit einer Toilette für vierzig Personen.

Man behielt die Patienten dort nicht allzu lange, denn an neuen mangelte es nicht. Täglich kamen welche. Vor der Entlassung schickte man mich noch in die Traumatologie, weil ich über Schmerzen in Rücken und Beinen klagte. Ich kam nicht mal ohne Schmerzen aus dem Bett oder die Treppen rauf. In der Traumatologie hörte sich ein fröhlicher, rotbackiger Dickwanst (sicherlich auch Major) meine Beschwerden an und schickte mich zum Röntgen. Nach dem Röntgen meiner Beine und der Wirbelsäule teilte er mir freudestrahlend mit, meine Knochen seien ganz, ich solle mich an das Militärkrankenhaus dort, wo ich stationiert sei, wenden, wenn es nicht aufhöre zu schmerzen. Die gleichgültige Haltung dieses Arztes nervte mich, denn schließlich wird er vom Staat bezahlt, um sich um meine Gesundheit zu kümmern. Andererseits wusste ich ja selbst nicht, was ich hatte, und die Perspektive der »Freiheit« auf der anderen Seite der Kontrollpunkte erschien mir sehr verlockend. Zu gern wollte ich endlich wieder ein normales Menschenleben, ein gemütliches Zuhause, einen trinken und gut essen, wobei es mir ehrlich gesagt schon ausgereicht hätte, einfach nur durch die Stadt zu gehen und Menschen zu sehen.

25.02.2022, Nachmittag

Es ist schon 16 Uhr, ich kapiere gar nichts. Gefühlt sind wir fünfzig Kilometer zurückgefahren. Die Kolonne formiert sich wieder, biegt in den Wald ab, fährt mittendurch, über Sand, malmt Bäume kurz und klein. Mitten im Wald, knapp einhundertfünfzig Meter von der Straße entfernt, stellen wir wieder das Gerät auf, an einer Stelle, die der Kommandeur ausgesucht hat. Die Leute klettern aus den Wagen, tauschen Informationen aus, schnorren Kippen.

Von den Kommandeuren kommt die Mitteilung, dass ukrainische Raketenwerfer gesehen wurden, deshalb lautet der Befehl, sich sofort so tief wie möglich einzugraben. Den Wagen geht der Sprit aus, wir haben Probleme mit dem Funk. Wir gehen in Stellung, bilden so etwas wie eine Rundumverteidigung, aber wo die Mörser hinkommen sollen, ist noch unklar. Manche fangen an, Schützengräben auszuheben, manche laufen scheinbar ziellos umher, manche öffnen ihre EPas und versuchen schnell noch etwas zu essen. Wer hier die Befehle gibt, ist unklar.

Mein Kamerad und ich beschließen, uns auch ein EPa auf dem Brenner warm zu machen, so lange die Stellungen unserer Mörser noch nicht bekannt gegeben worden sind. In einer Viertelstunde haben wir Brei aufgewärmt und heiß in uns reingeschaufelt. In dem Moment beschwert sich ein Mörserschütze beim Ältesten, dem Dagestaner, er hätte seit zwei Tagen nichts gegessen und nicht gewusst, dass wir EPas und Wasser haben. Der erwidert brüllend, dass ihm das scheißegal sei: »Da hinten im Laster, friss einfach alles auf!« Ich sitze auf dem Boden, kaue stumm und beobachte die Szene: Offenbar brauchen sie einander als Ventil. Mir wird klar, dass ich schneller kauen sollte, so lange es noch geht.

Nach dem Essen muss ich feststellen, dass niemand um mich herum noch Zigaretten hat und die Stellungen der Mörser immer noch unbekannt sind, also streife ich durchs Lager auf der Suche nach Zigaretten, halte dabei Ausschau nach bekannten Gesichtern, lerne ein paar von den anderen kennen. Ich spreche einen an, der mir entgegenkommt: »He, Bruder, haste mal 'ne Kippe?« Er bleibt stehen, schaut mich länger an und erwidert: »Ich bin eigentlich der stellvertretende Divisionskommandeur, Bruder«, während er eine Zigarette aus der Schachtel zieht und sie mir hinhält. Ich nehme die Zigarette, stecke sie mir an und sage kaltschnäuzig: »Dann entschuldigen Sie, danke für die Zigarette.« Mir ist wirklich schnurz, welchen Rang oder Dienstgrad er hat, ihm offensichtlich auch. Alle laufen ohne Erkennungszeichen herum.

Alle rechnen mit massivem feindlichen Beschuss mit Raketenwerfern und vielen Toten. Von unseren Flugzeugen und Hubschraubern ist schon länger nichts zu sehen gewesen, eine Funkverbindung haben wir auch nicht, wir sind etwa hundert Kilometer im Hinterland, alle sind müde, wollen schlafen, aber sterben will auch niemand. Manche heben schweißüberströmt mit aller Kraft Schützengräben aus.

Genüsslich rauche ich meine Zigarette und laufe durch das Lager auf der Suche nach Informationen und der Möglichkeit, mir noch eine für später zu schnorren. Wie es aussieht, haben wir uns auf einem Quadrat von etwa einem Kilometer Seitenlänge breitgemacht, wir sind fünfhundert Mann, die Aufstellung des Geräts ist chaotisch. Man hebt Schützengräben aus, aber der Boden ist aus Sand. Schützengräben im Sand retten einen sicher nicht vor Grad-Werfern, aber über uns erheben sich große Nadelbäume, vielleicht helfen die ja. Obwohl, wenn Raketen einschlagen, fliegen die Holzsplitter sowieso nach unten und bringen uns um. Ich laufe mit einem Kloß im Hals herum, weil mir klar wird, dass ich den Morgen vielleicht nicht erleben werde und die Leute um mich auch nicht, deswegen freue ich mich sehr, jeden Einzelnen zu sehen, und sie freuen sich offenbar ebenso, mich zu sehen.

Ich gehe zu einer Gruppe, frage wieder nach Zigaretten, sie haben Kautabak. Ich nehme, was ich kriegen kann. Lege mir die grünen Kügelchen hinter die Lippe, sie entspannen mich sofort. Immer wieder ausspuckend, unterhalte ich mich mit den Jungs, erfahre, dass sie vom 11. Regiment sind, das hier mit Hubschraubern abgesetzt wurde. Von ihren Leuten sind knapp fünfzig übrig, sie sind die Letzten aus ihrem Regiment, der Rest ist wahrscheinlich tot.

Kaltblütig höre ich mir ihre Geschichten an und gehe weiter, wütend über unsere Armee, weil sie uns sonst welchen Scheiß hat machen lassen, anstatt uns vorzubereiten, und jetzt sind wir in dieser Lage. Es ärgert mich zu wissen, dass ich wahrscheinlich genauso ruhmlos sterben werde, an der Seite dieser Jungs, unter Beschuss von den Grad-Werfern der Gegenoffensive der ukrainischen Streitkräfte oder sonst noch wem. Gegen wen kämpfen wir? Die NATO? Wer hat die Jungs vernichtet, die nach vorne durchgebrochen sind? Wo sind die »Armat«, die »Weißen Schwäne«, die »Sarmat« und der ganze Rest aus der beschissenen Fernsehpropaganda? Mir ist bewusst, dass der Tod nahe ist, aber ich schärfe mir ein, mein Leben nicht so leicht herzugeben.

Nach meiner Runde durch das Lager weiß ich, dass etwa die Hälfte meines Regiments hier ist, verstärkt durch die 7. Division und das 11. Regiment, und noch ein paar von den Spezialkräften der Marineinfanterie, wie auch immer die hierhergeraten sind. Also fast alles Infanteristen.

Ich ringe mit dem Gedanken, dass wir unsere Stellungen sicher längst verraten haben und uns der Beschuss durch Grad-Raketen sicher ist. Es wird Verluste geben. Wenn gleichzeitig noch Sabotagegruppen der ukrainischen Streitkräfte anrücken und uns nach dem Beschuss angreifen, wird es der reinste Fleischwolf. Wir sind ausgemergelt, nicht auf unserem Gelände, kennen also die Gegend nicht, haben keine Unterstützung aus der Luft oder durch Artillerie. Die, die nach vorn durchgebrochen sind, wurden offenbar vernichtet.

Ich streife weiter durch das Lager und erinnere mich an meinen Vater, daran, was ich über das 56. in Jugoslawien, den ersten und zweiten Tschetschenienkrieg und über die Schlacht um Höhe 776 und die 6. Kompanie weiß. Sieht so aus, als würde uns das gleiche Schicksal blühen.

Chaos, Korruption, keine anständige Vorbereitung – und dann gleich mitten in die Hölle. Im Krieg ist ein Mann im Feld noch kein Soldat, es kommt alles auf die Koordination, Vorbereitung und Motivation der Truppe an. Ich weiß, dass es bei uns mit der Vorbereitung und der Koordination schlecht aussieht, aber während ich mit den Kameraden spreche, stelle ich fest, dass es uns an Motivation nicht mangelt.

Und das, obwohl die Dinge schlecht stehen. Alle haben sich damit abgefunden, dass die vorausgefahrenen Fallschirmjäger höchstwahrscheinlich tot sind, dabei waren das um die tausend Mann. Und offensichtlich auch damit, vielleicht selbst hier zu sterben.

Frustriert und wütend über diese Schlampigkeit auf allen Ebenen und darüber, dass viele von uns so dämlich sterben könnten, laufe ich herum und suche meine Kompanie. In mir festigt sich der Gedanke, dass ich, obwohl ich den Krieg nicht will, bereit bin, im Gedenken an die Luftlandetruppen und alle Fallschirmjäger, die ihr Leben lassen mussten, zu sterben. Dann ist es eben so. Zu ärgerlich, dass unsere Vorbereitung nur auf dem Papier stattgefunden hat, aber den Ruhm der Luftlandetruppen zu beschmutzen haben wir kein Recht – wenn sterben, dann mit Musik. Wenn unser Brudervolk, die Ukrainer, die Vorausgefahrenen vernichtet haben, muss es wirklich ernst sein, also muss ich mich darauf einstellen, bis zum bitteren Ende zu kämpfen, so leicht geben wir unsere Leben nicht her.

Trotzdem kann ich nicht aufhören darüber nachzudenken, was gerade passiert. Wird vielleicht auch Moskau angegriffen? Da lebt meine Schwester.

Ich finde meine Mörsereinheit, sehe, dass alle hastig Schützengräben ausheben. Je tiefer man sich jetzt eingräbt, desto höher ist die Chance, bei einem Artilleriebeschuss zu überleben. Der Boden ist weich, höchstwahrscheinlich fast nur Sand. Bei einer Explosion in der Nähe werden diese Schützengräben sofort verschüttet. Mir scheint, es wäre besser, die Leute weit auseinander zu verteilen. Wir sind fünfhundert Männer auf einem Quadratkilometer, mit LKW und Ausrüstung. Bei einem Artilleriebeschuss trifft der Feind auf jeden Fall ins Schwarze. Aber mich fragt ja keiner, die Kommandeure wissen es sicher besser. Aber wer befehligt diesen ganzen Irrsinn? Keine Ahnung.

Im Vorbeigehen begrüße ich die Jungs, ich freue mich, jeden Einzelnen zu sehen. Ich will jedem Mut zusprechen, und dass mir jemand Mut zuspricht, vielleicht sehen wir uns ja nie wieder.

Mein erster Fallschirmsprung fällt mir ein: Wir sprangen irgendwo bei Dschankoj auf der Krim, für alle an Bord war es das erste Mal. Als der Hubschrauber abhob und das gelbe Licht an der Rampe aufleuchtete, hatte ich genauso Schiss wie alle anderen auch, aber als ich die blassen Gesichter um mich herum sah, zwang ich mich, zu lächeln und allen Daumen hoch zu zeigen, immer mit Blickkontakt. Das Einzige, was ich damals dachte, war: »Hauptsache, nichts verbocken.« Genauso ist es jetzt, nur ist die Situation wesentlich schlechter.

Da sehe ich einen ukrainischen Gefangenen. Ihn oder seine Kollegen habe ich am Morgen schon von weitem in den UAZ gesehen. Er sitzt mit verbundenen Händen an einem Baum, neben ihm ein paar leere Konservendosen und eine leere Plastikflasche Wasser. Es sind ukrainische Konserven, wahrscheinlich aus seiner EPa. Er hat wohl gerade gegessen. Neben ihm steht mein Kumpel, der Dagestaner, übrigens ein großartiger Mensch, und bewacht ihn. Ich habe jedoch den Eindruck, dass er ihn weniger bewacht, als vielmehr vor unseren Leuten schützt. Einer unserer Kameraden geht vorbei und brüllt zum Kompaniechef: »Knallen wir ihn doch ab, so viele, wie die von unseren Leuten kaltgemacht haben!« Keine Frage, dass er ihn wirklich abgeknallt hätte, wenn man ihn gelassen hätte. Jetzt, wo die Verluste zunehmen, erwacht in den Menschen Grausamkeit und Rachgier.

Der Gefangene hat einen riesigen Bluterguss unterm Auge, der Schlag war offensichtlich hart und vermutlich nicht nur mit der Faust. Mich überkommt der Wunsch, mir diesen Mann genauer anzusehen und mit ihm zu reden. Ich hocke mich neben ihn. Er ist korpulent und vermutlich um die 45, gierig raucht er eine Machorka-Zigarette, die ihm der Dagestaner gerade fürsorglich gedreht hat. Er kommt mir fremd und gleichzeitig wie einer von uns vor: Der einzige Unterschied ist, dass wir beim Konflikt unserer Länder auf verschiedenen Seiten gelandet sind, aber geboren wurden wir im selben Land, in der Sowjetunion.

Ich mustere ihn wie einen Außerirdischen, finde aber nichts Ungewöhnliches. Ich empfinde keine Wut gegen ihn, komischerweise eher Mitleid. Ich schaue ihm in die Augen und sage unerwartet für mich selbst: »Na, Bruder, krepieren wir jetzt zusammen?« Er hat ruhig dagesessen, jetzt blickt er mich verwundert an und fragt: »Wieso?« Ich grinse blöd und erkläre: »Weil eure Jungs gleich mit Grad-

Raketen auf uns ballern werden!« Er grinst zurück und sagt: »Tja, dann krepieren wir wohl zusammen.«

Vom Dagestaner erfahre ich, dass einer unserer Leute ihn verhört und ihm dann einen Fußtritt ins Gesicht verpasst hat, weil ihm die Antworten nicht gefallen haben. Der Regimentskommandeur hat es mitbekommen und ihm bei Androhung eines Tribunals befohlen, sich zu entschuldigen.

Aber wo ist der Regimentskommandeur? Ich habe ihn kein einziges Mal gesehen, ich weiß nur, dass er irgendwo in der Nähe ist. Da läuft der Kompaniechef an mir vorbei und wirft mir stichelnd zu: »Na, Filatjew, gefällt es dir bei den Mörserschützen? Bist du deinen Kompaniechef los, den Grund all deiner Probleme?« Ich antworte nur grimmig, dass wir jetzt alle im selben Boot säßen, es sei jetzt nicht die Zeit zu klären, wer wem Probleme mache. Er schaut weg, als würde er mir recht geben, und geht weiter, wobei er brüllend Befehle erteilt, die aber mehr wie Gekreische klingen.

Jemand rennt, jemand geht, jemand schaufelt, jemand schleppt … Ich stehe auf und gehe zurück zu den Mörsern. Ich muss mich beeilen, es wird plötzlich sehr schnell dunkel. Am Laster unserer Kompanie hält mich der Älteste auf und bittet, beim Verladen der Leichen zu helfen. Ich sage, ich hätte es eilig, aber er besteht darauf, sagt, es gehe schnell. Ein paar Männer stehen im KAMAZ und nehmen die Tragen mit den Leichen entgegen, andere reichen sie ihnen vom Boden hoch. Alle sind extrem erschöpft. Wie viele schon verladen wurden, weiß ich nicht. Auf dem Boden liegen noch drei. Ich helfe sie in den Wagen zu laden – was sind die aber auch schwer, oder bin ich schon so kaputt?

Nebenbei frage ich, ob die aus unserer Kompanie waren. Man sagt mir, nein.

Nachdem die Leichen verladen sind, eile ich zu meiner Mörsereinheit. Ich erfahre, dass es jetzt endlich Anweisungen zu den Stellungen gibt. Wir laden die Geschütze aus, wir haben nur vier Mann pro Besatzung. Wir gehen noch tiefer in den Wald hinein. Die Mörser sind schwer, die Füße versinken unter ihrem Gewicht im Sand. Angekommen, stellen wir Mörser und Minen ab, sehen uns um. Ich motze, dass wir hier am Arsch sind, das sind keine Stellungen, das ist eine kleine Wiese.

Wir stellen fünf Mörser in einer Reihe in unterschiedlichen Schussrichtungen auf. Unsere nächsten Männer sind zweihundert Meter weit weg, wir haben also keine Deckung, nur unsere Maschinengewehre. Wenn man uns aus dem Wald angreift, sind wir am Arsch. Der Rest weiß nicht einmal, dass wir hier sind, hoffentlich knallen uns nachts nicht unsere eigenen Leute mit ihren NSW oder AGS-17 ab.

Plötzlich merke ich, dass ich mein Sturmgewehr nicht mehr auf dem Rücken habe. Scheiße, Mann! Die Schnalle an dem Gurt ist ja kaputt, er muss sich beim Schleppen der Minen gelöst haben, und ich habe es nicht bemerkt. Ich gehe den ganzen Weg noch einmal ab und suche im Dunkeln. Als ich schon fast in der Mitte unseres Lagers bin, wo die LKW mit den Mörsern stehen, ruft jemand: »Welcher Idiot hat sein Gewehr verschlampt?« Erleichtert renne ich hin und rufe: »Das ist meins!« Sehe nach, es ist wirklich meins, bedanke mich beim Kameraden und gehe zurück an die äußersten Stellungen zu den Mörsern.

Dort sehe ich, dass die Jungs bereits dabei sind, Schützengräben auszuheben. Ich packe mit an. Es ist fast schon komplett dunkel, wir haben keine Kraft mehr, aber wir graben weiter. Als wir fertig sind, ist es längst stockduster, gegen 21 Uhr. Wir sind schweißnass, und im Wald ist es mittlerweile richtig kalt.

Wir wurden noch immer nicht beschossen, das ist sehr gut. Aber vielleicht wartet der Gegner, um nachts das Feuer zu eröffnen, und danach greift wahrscheinlich noch die Infanterie an, in der kompletten Dunkelheit, im Wald. Wie soll man sonst erklären, dass immer noch keine Raketen eingeschlagen sind?

Ich denke noch mal an die Stellungen. Ich habe das Gefühl, dass wir uns im Gefecht gegenseitig abknallen werden.

Wir beraten, was wir machen und wie wir schlafen wollen. Unser Mörser steht ganz außen. Von drei Seiten umgibt uns Wald, dort ist keiner von unseren Leuten. Wenn wir angegriffen werden, sind unsere Mörser leichte Beute. Welcher Vollidiot hat entschieden, dass das eine gute Stellung ist? Im Wald nützen die Dinger sowieso nichts. Ein junger Kamerad hat die Theorie, dass die Führung uns extra im tiefsten Wald aufgestellt hat, als Köder. Wir können hier mit unseren Mörsern und MGs nichts ausrichten; die Hauptkräfte haben die Straße im Blick und würden den Feind bemerken, aber wenn der Angriff aus dem Wald kommt, dann sind wir mitten auf der kleinen Sandwiese ein leichtes Ziel, also eine gute Warnung für die anderen.

Wir sind offensichtlich alle kurz vorm Durchdrehen, keiner versteht den Plan der Führung. Wir müssen uns beruhigen. Unsere einzigen Anweisungen waren, Schützengräben ausheben und bereithalten für Raketenbeschuss und gegnerischen Angriff. Wir haben keine Funkverbindung, keine Luftwaffe, der Sprit ist fast alle, wir sind im tiefsten Hinterland des Feindes. Wenn man uns findet, können sich die Hauptkräfte vorbereiten, so lange wir hier abgemetzelt werden … Vielleicht hat der Kamerad doch recht?

Warum stehen hier keine Aufklärer? Es würde Sinn ergeben, ringsum getarnte Posten einzurichten, aber hier sind keine. Den Kommandeur unserer Batterie haben wir seit gestern nicht gesehen, angeblich ist er mit dem Bataillonskommandeur als Artilleriebeobachter mitgefahren, womöglich ist auch er schon tot. Ich frage einen jungen Kameraden danach, er erwidert, das Arschloch habe es nicht anders verdient. Tolle Einstellung, ich bereue, das Thema überhaupt aufgebracht zu haben.

Vielleicht sind sie nach Cherson durchgebrochen, konnten sich dort festsetzen und kämpfen jetzt in der Umzingelung, bis wir kommen. Wir haben noch zwei Leutnants, die Zugführer sind, aber die sind irgendwo in der Mitte des Lagers. Wer gibt uns die Koordinaten durch? Theoretisch können wir mit den Mörsern die Straße beschießen, aber die Bäume in dem Wald sind sehr hoch. Rundum gibt es genug Gerät mit Waffen größeren Kalibers, man kann die Straße kinderleicht beschießen. Was sollen wir hier mit unseren 82-mm-Mörsern?

Wenn der Angreifer aus dem Wald kommt, haben wir keine Chance, und wenn wir den Rückzug zum Lager antreten, mähen uns die eigenen Leute nieder. Im Eifer des Gefechts fragt keiner danach, wer wir sind. Ich stelle mich darauf ein, dass wir im Angriffsfall um jeden Preis die Stellung halten müssen, Rückzug ist keine Option.

Letzte Nacht wurden wir nicht angegriffen, als wir wie eine Zielscheibe auf dem Schießstand standen. Ich kann mir nicht vorstellen, dass wir heute noch mal solches Glück haben werden. Mittlerweile weiß wahrscheinlich die ganze Ukraine, wo und wie viele wir sind. Manchmal dringt der Lärm von Schüssen und Explosionen zu uns. Die einheimische Armee kennt den Wald sicherlich wie ihre Westentasche.

Eigentlich – wenn wirklich ein richtiger Krieg angefangen hat – hätten unsere Kräfte ja alle Militärobjekte mit Bomben und Raketen zerstören müssen und damit auch alle großen Verbände des Feindes. Aber irgendetwas sagt mir, dass die Dinge ziemlich schlecht stehen.

Wie schon letzte Nacht denke ich über Gott nach. Wahrscheinlich sind alle Menschen so – wenn es brenzlig wird, fällt er uns wieder ein.

Im Wald ist es jetzt vollkommen still und dunkel, nur ein bisschen Sternenlicht fällt durch die Wolken auf unsere kleine Wiese. Mit den Nachtsichtgeräten überblicken wir unser Feld. Was hinter den Bäumen ist, ist nicht zu sehen. Zu dunkel, da helfen auch die Geräte nicht, außerdem müssen wir Batterien sparen.

Trotz der Kälte werden wir langsam schläfrig. Ich überzeuge die Jungs, dass zwei im Schützengraben schlafen und zwei daneben Wache halten und den Wald beobachten sollen. Unsere Stellung ist ganz außen; wenn der Gegner von unserer Seite kommt, können wir nur auf uns selbst hoffen. Wir entscheiden, dass es am besten ist, sich jede halbe

Stunde abzuwechseln. Kaum bist du eingeschlafen, wirst du schon zur Ablösung geweckt. Ich mache mir Sorgen, dass wir morgen nicht mehr aufwachen, weil wir alle einschlafen.

Wie eigenartig schön hier alles um uns herum ist. Und so kalt … Ich bin sehr müde … Ich will schlafen … duschen … Etwas Warmes essen … Jetzt ein Kaffee … Auf YouTube gehen und mir anschauen, was in der Welt so vorgeht. Vielleicht haben sie ja YouTube schon gesperrt?

Irgendwo in der Ferne wird geschossen. Warum haben wir keinen Funk? Haben sie doch Atomwaffen eingesetzt? Wo ist unsere Luftwaffe? Ich will rauchen, aber die Zigaretten sind längst alle … Hauptsache, nicht bei der Wache einschlafen, ich will nicht, dass sie uns kalt erwischen … Irgendwo in der Ferne explodiert etwas.

Es ist fünf Uhr früh; es scheint, als würde es langsam heller … In der Dämmerung greift es sich besser an.

Sechs Uhr früh, es ist hell …

Haben wir wirklich Schwein gehabt, und sie haben uns in der Nacht nicht mit Grad-Raketen beschossen, um uns dann mit einem Infanteriesturm den Rest zu geben?

Aus dem Militärkrankenhaus in Sewastopol wurden alle Ankömmlinge aus der Ukraine in den Truppenteil der Marineinfanterie gebracht, der am anderen Ende der Stadt stationiert war. Wir fuhren in einem UAZ-Bulli (geiles Auto, warum fahren unsere Abgeordneten die nicht?), dem aber bald der Sprit ausging. Also setzte man uns sieben Wilde in der Nähe eines Supermarktes ab, wo wir mit unseren irren Blicken, langen Bärten und zerrissenen Uniformen die Passanten erschreckten. Wir waren alle aus verschiedenen Städten: Tscherkessk, Wolgograd, Rostow, Naltschik, Ulan-Ude. Und alle wollten möglichst schnell nach Hause. Mir blieb vor allem ein junger Kerl aus Wolgograd in Erinnerung. Er trug immer noch die weißen Markierungen an Arm und Bein, mit der wir unsere Männer vom Feind unterscheiden sollten. Er war Fahrer und Mechaniker eines BMP-3 gewesen (wenigstens kein alter Schrott). In seinen BMP ist eine Javelin reingeflogen, der Panzer brannte aus, die ganze Besatzung tot, nur er hat überlebt. Ein ganz kleiner Bursche, der furchtbar stotterte. Er brauchte fünf bis zehn Sekunden, um ein Wort zu sagen. Er sagte, sie hätten ihn in die Klapse stecken wollen, aber er hätte sich herauswinden können, hätte schriftlich auf medizinische Hilfe verzichtet und sei jetzt nach Hause unterwegs.

Als wir bei der Marineinfanterie ankamen, brachte man uns in eine der Kasernen für Soldaten, die aus den Krankenhäusern kamen und dort auf die Verlegung in die Einheit warteten. Ich beneide diese Einheit nicht.

Knapp hundert Leute, die aus dem Krieg kamen, und völlig gaga waren, zum einen von dem, was sie erlebt hatten, zum anderen vom Gefühl des irren Glücks, das sie hatten, weil sie noch am Leben und in die Zivilisation zurückgekehrt waren. Manche stotterten heftig, zwei hatten ihr Gedächtnis verloren (mal wussten sie, wo sie herkamen, dann wieder nicht), manche fingen übel an zu trinken, versoffen alles, was sie verdient hatten, fuhren nachts zu Prostituierten und hauten 100 000 Rubel in einer Nacht auf den Kopf. Dabei konnten manche erst nach zehn Tagen da weg. Viele hatten drei Millionen wegen ihrer Verwundungen erhalten, einer wegen einer gebrochene Rippe, einer wegen einer Kugel. Ich konnte sie verstehen, denn bei so was brennen dir wirklich alle Sicherungen durch, und du willst alles haben, was du dir dort nicht erlauben konntest, erst recht nach dem, was du erlebt hast. Wenn du aus dem Krieg zurückkehrst, fühlst du dich wie neugeboren.

Ich aber bevorzugte es, noch am selben Tag von dort wegzufahren, weil ich wusste, dass man von so einem Gelage mit den Kameraden, mit Menschen, die das Gleiche erlebt haben wie du und die dich besser verstehen als deine engsten Freunde zu Hause, ansonsten nur sehr schwer wieder loskommt. Ich hatte von 2007 bis 2010 in Tschetschenien gedient, deswegen war mir das nicht neu. Drei Millionen habe ich, wie so viele andere auch, nicht bekommen. Nach zwei Monaten der »Spezialoperation« befanden sich 215 000 Rubel auf meinem Konto. Ich musste daran denken, dass unsere für die Gesellschaft völlig unnützen Abgeordneten, deren Namen das Volk nicht einmal kennt, 500 000 im Monat verdienen, ohne dabei ihr Leben oder ihre Gesundheit dem Wohle Russlands zu opfern. Auch ein anständiger Programmierer macht das gleiche Geld in einem Monat. So sind nun mal die Zustände in unserem Land.

Noch etwas zu den drei Millionen. Wir nennen sie die »Putin-Millionen«, nach seinem Erlass zu Verwundungen von Soldaten bei der Spezialoperation in der Ukraine. Nun ja, sie werden inzwischen nicht mehr einfach so ausgezahlt, man wählt die anspruchsberechtigten Opfer nach merkwürdigen Kriterien aus. Ist der Splitter nicht tief genug in deinem Körper, kriegst du gar nichts, und jemand anders kriegt drei Millionen wegen eines gebrochenen Fingers, den er sich am ersten Kriegstag zugezogen hat. Mittlerweile gibt es auch Gerüchte, dass einige Leute damit ein gutes Geschäft machen: Man trägt die Daten eines Soldaten ein, der davon gar nichts weiß, und fertig, schon hat man das Geld. Ich habe auch gehört, dass Leute als Soldaten im Krieg geführt werden, die sich ganz woanders befinden. Bei mir gingen zum Beispiel zwei Monate nachdem ich wieder in Russland war, immer noch monatlich 120 000 Rubel auf das Konto ein. Dafür haben andere, die im Krieg waren, keine Kopeke gesehen, weil sie in der Garnison gelistet waren. Beschwerden beim Verteidigungsministerium konnten das Problem nicht lösen. Dieser Erlass über die drei Millionen hat nur die Korruption und die Unzufriedenheit in der Armee verstärkt: Dir wurde das Bein abgerissen? Hier bitte, drei Millionen. Du hast dir eine Rippe gebrochen? Nimm drei. Dir ist ein Splitter durch die Haut gegangen? Du kommst auch so klar.

Ich fange gar nicht erst von denen an, die sich selbst ins Bein geschossen haben. Wenn sie, wie ich, ein Gehalt von 30 000 Rubel bekommen, dann müssten sie für drei Millionen hundert Monate arbeiten – das ist eine ganz schöne Versuchung!

Aber woher sollen die da oben das schon wissen? Was verstehen sie von den Problemen eines einfachen Soldaten, der die Drecksarbeit verrichten muss? In den Berichten sieht bestimmt alles bestens aus.

26.02.2022

Gegen sechs Uhr morgens. Der Körper ist steif und durchgefroren, ich habe die Schutzweste seit Anfang des Einsatzes immer noch nicht abgenommen. Langsam wird es wärmer. Ich freue mich, den neuen Tag zu begrüßen: Mit dem Sonnenaufgang kommt auch die Hoffnung, keinen Heldentod in der Umzingelung sterben zu müssen.

Plötzlich höre ich in der Ferne Radau. Das müssen Kettenfahrzeuge sein, der Lärm ist verzerrt, aber er kommt von der Straße. Woher genau, kann ich nicht ausmachen. Aus der Mitte des Lagers ertönt der Ruf: »Achtung! Alle bereit machen!«

Der Lärm des Militärgeräts wird lauter. Nun ist klar, dass es eine große Kolonne sein muss. Tatsächlich, es sind Panzer. In meinem Kopf kreist die Frage: Zu wem gehören die?

Im Wald wird es still, alle sind angespannt und schweigen.

Die Kolonne ist schon ganz nah, jetzt ist sie auf Höhe unserer Stellungen. Aus der Mitte des Lagers erschallen Rufe: »Unsere Männer!« Wie sich herausstellt, ist es eine Kolonne des 33. motorisierten Schützenregiments: Panzer und BMPs, Tankwagen, Panzir-M und Artillerie wie Msta-S.

Das 33. motorisierte Schützenregiment ist auch aus Kamyschin. Es wurde letztes Jahr aus dem aufgelösten 56. Luftsturmregiment formiert – damals ist ein Teil der Fallschirmjäger in Kamyschin geblieben und in die Infanterie des 33. Regiments gewechselt, ein Teil hat gekündigt, manche haben sich in andere Städte versetzen lassen, manche sind mit den Resten des 56. Luftsturmregiments nach Feodossija gezogen. Viele aus dem 56. und dem 33. haben also mal zusammen gedient; viele aus dem 33. sind ehemalige Fallschirmjäger. Ihre Kolonne bleibt auf der Straße stehen, wir bleiben im Wald.

Die Angekommenen erzählen uns, sie hätten uns schon für tot gehalten. Sie dachten, man hätte uns vernichtet, deswegen haben sie auch keine Verbindung mit uns aufgenommen. Alle freuen sich über das Wiedersehen, die Stimmung hebt sich spürbar. Wir entspannen uns und machen sogar Lagerfeuer, um EPas aufzuwärmen. Wir kochen Wasser, trinken Tee und Kaffee. Bald fangen die Panzir an, Kampfdrohnen über uns abzuschießen. Womöglich hat uns das vor einem Beschuss durch Grad-Werfer gerettet.

Gegen elf Uhr kommt das Kommando, einzupacken und sich zur Abfahrt bereit zu machen. Wir beladen die LKW, und sie formieren sich am Straßenrand. Es ist Sprit gekommen. Während unser Militärgerät vollgetankt wird, gehe ich die Kolonne ab, lerne die neuen Leute kennen, frage herum, wer was weiß. Einer der Jungs, die ich gerade erst kennengelernt habe, hält mir Kautabak hin. Ich lege ihn mir hinter die Lippe und plaudere mit ihm. Plötzlich ohrenbetäubender Lärm: Wir stehen neben einem Panzir, der gerade eine Rakete abgefeuert hat, die, eine schöne weiße Spur im blauen Himmel hinterlassend, explodiert und eine Drohne direkt über uns vernichtet. Am diesem Tag werden knapp zwanzig davon abgeschossen.

Gegen Mittag kommt das Kommando: »Alle in Deckung, bereit machen zum Gefecht!« Es wurden gegnerische Panzer gesichtet, die von Cherson zu uns unterwegs sind. Wir preschen alle in den Wald, beziehen chaotisch Stellung.

Mir kommt erneut der Gedanke, dass sich die Hälfte unserer Männer gegenseitig abknallen wird, wenn es zum Gefecht kommt. Ich versuche irgendwo in Stellung zu gehen, wo ich nicht unter eigenen Beschuss geraten kann.

Als mir klar wird, dass das nahezu unmöglich ist, setze ich mich einfach an einen Baum und nehme meinen Helm ab. Die Sonne strahlt hell, es ist warm.

Plötzlich gibt der junge Leutnant das Kommando, die Mörser vorzubereiten. Motzend rennen wir zu den LKW und holen Geschütze und Minen. Wuchten sie auf unsere Rücken und rennen los, um sie aufzustellen. Die Füße rutschen weg im Sand. Während wir die Mörser etwa einen Kilometer zu den alten Stellungen schleppen, hören wir Schüsse wenige Kilometer von uns entfernt auf der Straße nach Cherson.

Da merke ich, dass ich meinen Helm verloren habe – ich habe ihn am Baum liegen gelassen. Als das Kommando kam, sofort die Geschütze aufzustellen, bin ich aufgesprungen und losgerannt, ohne nachzudenken.

Ich kann nicht mitverfolgen, was genau passiert, aber später wird man mir erzählen, dass die MTW der Aufklärer und Panzer an der Spitze unserer Kolonne das Feuer eröffnet und ein paar entgegenkommende Fahrzeuge vernichtet haben, der Rest ist einfach umgekehrt und weggefahren. Die feindliche Kolonne war also nicht sehr groß, vielleicht nur Aufklärer. Die Details kenne ich nicht.

Kaum haben wir die Mörser aufgestellt, kommt das Kommando »Abzug!«. Wir wuchten wieder Geschütze und Minen auf unsere Rücken und schleppen sie zurück. Dabei spüre ich, dass meine Kräfte aufgebraucht sind, ich kann nicht mehr. In der Nacht sind wir bis auf die Knochen durchgefroren, jetzt ist es furchtbar heiß. Die Uniform ist erneut schweißnass.

Nachdem wir die Geschütze eingeladen haben, laufe ich

durch den Wald und suche meinen Helm. Wir sind knapp fünfhundert Mann, aber keiner hat meinen Helm gesehen. Den Baum, an dem ich gesessen habe, finde ich nicht mehr, mir raucht der Kopf vor Erschöpfung.

Ein paar Stunden lang formieren wir die Kolonne, es wird noch getankt. Endlich kommt das Kommando: »In die Wagen!« Alle steigen zu ihrer Besatzung und warten auf das Kommando zur Abfahrt. Gegen 16 Uhr fahren wir los. Wieder stellen wir uns auf einen Angriff ein.

An der Spitze der Hauptkolonne, in der auch ich bin, fahren MTW der Aufklärer und Panzer. Von Zeit zu Zeit wird das Feuer aus Panzerkanonen und schweren Maschinengewehren eröffnet.

Die Kolonne fährt mit hoher Geschwindigkeit, bleibt aber immer wieder stehen. Wir springen aus den Wagen, gehen in Stellung, dann kommt das Kommando »Abzug!«, wir springen wieder in die Wagen, fahren weiter. Einer schafft es nicht rechtzeitig in seinen Wagen und landet bei uns. Ein junger Mann von der Krim, der schon mal in Cherson war. Auf dem Weg zur Brücke führt er sich auf wie ein regelrechter Touristenführer, erzählt uns alles Mögliche über die Gegend. Er hat eine ziemlich krasse Einstellung zur Ukraine, spricht wuterfüllt von »Nazis«. Ich habe ihnen gegenüber keine Wut in mir, aber ihm zuzuhören tut mir gut, so kann ich mich besser einstimmen: entweder sie oder wir. Ich habe keine Zweifel, dass ich im Notfall abdrücken werde, aber nicht das Gefühl, dass ich etwas Richtiges tue. Alles ist wie im Traum. Ringsum alles grau, es riecht nach Schießpulver und Rauch.

Hin und wieder sehen wir zerstörte Autos und altes Militärgerät. Offenbar wird das verlassene ukrainische Gerät, das ich gestern gesehen habe, jetzt zerstört: Unsere Panzer schießen es von weitem ab, um nichts zu riskieren. Außerdem steht auch einiges von unserem Militärgerät herum, vor allem BMD-2 und UAZ – die Fahrzeuge haben gestern einfach den Geist aufgegeben und wurden stehen gelassen. Vor der Brücke sehe ich zerstörte Grad-Werfer.

Nachdem wir die Brücke über den Dnjepr (der Fluss ist überraschend breit und erinnert mich an die Wolga) passiert haben, sehe ich einige Leichen, von wem, weiß ich nicht. Hinter der Brücke scheinen ein befestigter Posten und eine Tankstelle gewesen zu sein, hier haben eindeutig Gefechte stattgefunden.

Die ganze Fahrt über sehe ich immer wieder zerstörte Tankstellen und Geschäfte. Vorne donnern ab und zu Panzerkanonen. Plötzlich wird es sehr schnell dunkel und kalt.

Der Soldat von der Krim sagt, dass wir gleich in Cherson sind, und tatsächlich: Links zeichnen sich im Zwielicht die Umrisse einer Großstadt ab. Unsere riesige Kolonne nähert sich ihr mit ausgeschalteten Scheinwerfern.

Wir fahren an einem abgeschossenen ukrainischen Fahrzeug vorbei, das knapp hundert Meter von uns entfernt in Flammen steht. Im Dunkeln ist nicht auszumachen, ob es ein Panzer oder BMP ist – plötzlich gibt es eine blendend grelle Explosion, der Geschützturm fliegt in die Luft. Alle schrecken auf und richten ihre Waffen dorthin, aber offenbar ist nur der Munitionssatz explodiert. So eine Explosion sehe ich zum ersten Mal. Bei allen sind die Nerven bis zum Zerreißen gespannt, wir rechnen mit einem Gefecht.

Mal sehr schnell, mal abrupt bremsend, kommen wir

voran. Plötzlich reißt der Fahrer das Lenkrad scharf nach links. Wir werden auf der Ladefläche herumgeschleudert, eine Minenkiste knallt gegen mein Bein. Wir fahren an einem abgeschossenen Panzer vorbei, den der Fahrer wegen der Dunkelheit erst im letzten Augenblick gesehen hat. Eigentlich verdient der Fahrer des URAL ohne Bremsen allein schon dafür, dass er es mit dem Ding bis nach Cherson geschafft hat, eine Auszeichnung. Was für ein Irrsinn: mit einem URAL ohne Bremsen in den Krieg!

Eine zerstörte Straße, es ist dunkel, die Kolonne kommt jetzt kaum voran, die Fahrzeuge drängen sich aneinander und bilden ein perfektes Ziel für Luftwaffe und Artillerie. Wie scheiße muss es um die ukrainischen Streitkräfte stehen, dass sie uns immer noch nicht abgeballert haben?

Wir schleichen schon seit ein paar Stunden in einem Bogen um die Stadt. In der Ferne sehe ich eine Ladung Leuchtspurmunition, die in Richtung unserer Kolonne aus der Stadt kommt. Wir bewegen uns weiter vorwärts, nun in vollkommener Dunkelheit. Manche springen raus und rennen in zerstörte Geschäfte, holen Zigaretten, Chips, Limonade. Keiner hat mehr Zigaretten. Ich will auch in einen Laden. Ich will endlich wieder rauchen. Und obendrein das Adrenalin, die Erschöpfung, die Kälte, der Hunger und der Durst. Ich sehe das nicht als Diebstahl, mir ist einfach alles schnurz, aber die Gelegenheit ergibt sich nicht. Aus einem UAZ kann man schnell mal rausspringen und wieder rein. Auf die Ladefläche eines URAL zu klettern, ist schon komplizierter. Auf mich warten würde sicher keiner, und unter die Räder kommen möchte ich auch nicht. Bei einem kurzen Stopp rennt ein Kamerad mit einer Tüte in der Hand an uns vorbei, ich rufe ihm zu: »Bruder, gib mal was zu rauchen!« Die Kolonne setzt sich schon wieder in Bewegung, er wirft uns drei Schachteln in die Ladefläche und springt in seinen Tigr.

Ich rauche gleich mehrere Zigaretten hintereinander, freue mich unbeschreiblich über sie. Die ukrainischen Zigaretten sind gar nicht übel, rote West, schön stark, in Russland kriegt man solche gar nicht. Es ist mir unangenehm, dass ich sie nicht bezahlt habe, ich bin es nicht gewohnt, fremde Sachen zu nehmen, aber ich tröste mich mit dem Gedanken, dass ukrainische Plünderer sicher selbst schon angefangen haben, die Läden auszuräumen.

Ich rauche und ärgere mich über die Führung, dass wir nun seit drei Tagen hier sind und oben offenbar niemand daran gedacht hat, dass wir etwas zu rauchen, zu essen und zu trinken brauchen. Ich erinnere mich, wie wir vor einer Woche die Kolonne auf dem Truppenübungsplatz formierten und das Kommando bekamen, mit leichtem Gepäck aufzubrechen. Damals glaubten die meisten noch, dass wir zu einer Übung fahren, aber ich ahnte schon, dass sich da was zusammenbraut. Nur dass es über die Volksrepubliken Lugansk und Donezk hinausgehen würde, habe ich mir selbst in meinen schlimmsten Träumen nicht ausgemalt. Vielleicht wollte ich einfach die Hoffnung nicht aufgeben.

Ich beschloss also, möglichst schnell aus diesem Truppenteil abzuhauen, ohne die Transferpapiere auszufüllen. Als ich zu Hause in der Kaserne ankam, bekam ich fast sofort einen zweiwöchigen Urlaub (ich hatte meinen Veteranenurlaub vom letzten Jahr nicht aufgebraucht, deswegen kam man mir entgegen) – unter der Bedingung, dass ich danach wieder zurückgehe, »um die von Nazis besetzte Ukraine zu befreien«.

Es ist an der Zeit, dass ich erkläre, wie ich zum Krieg stehe: Wie fast jeder vernunftbegabte Soldat lehne ich den Krieg ab. Natürlich liebe ich wie die meisten Männer alles, was mit dem Militär zu tun hat, so ist nun mal unsere Erziehung. Aber wie heißt es so schön: »Am lautesten bejubeln diejenigen den Krieg, die daran nicht teilnehmen.« Ich verstehe überhaupt nicht, wozu wir einen Krieg gegen die Ukraine brauchen. Ich sehe keinen einzigen Grund dafür. Und ich gehe sogar noch weiter und sage, dass ich gegen die Annexion der Krim war (wo ich mich befinde, während ich diese Zeilen schreibe) und gegen die ganze Geschichte mit den Volksrepubliken Donezk und Lugansk. Erst recht, weil die Ukrainer das allernächste Volk für die Russen sind, ist das hier für mich nichts anderes als ein Bürgerkrieg. Mein Urgroßvater, nach dem ich benannt bin, war ein ukrainischer Kulak, der im Ersten Weltkrieg gekämpft hat (der unserem Land übrigens nichts als Leid und Tod gebracht hat). Er hat bei einem Gasangriff der Deutschen seinen Geruchssinn verlor. Nach seiner Heimkehr wurde er »entkulakisiert« und nach Sibirien deportiert. Seitdem wechselte die Macht. Jetzt wurde sein Urenkel in seine alte Heimat geschickt, um dort seine Gesundheit zu zerstören – wegen gar nichts. Erst hatten wir einen Zaren, dann einen Ministerpräsidenten, einen Generalsekretär und jetzt einen Präsidenten …

Aber wie das Sprichwort sagt: Der Herren Sünde, der Bauern Buße. Es wäre aus meiner Sicht richtiger, wenn sich Putin und Selenskyj gegenübertreten würden und ein für alle Mal klärten, »wem was gehört«, und Tausende ukrainische und russische Soldaten und Zivilisten nicht ihr Leben und ihre Gesundheit opfern müssten und Millionen ihre Häuser und ihr Eigentum. Aber das zu sagen, ist mir verboten, ich habe kein Recht dazu. Deswegen werde ich das nicht vorschlagen, deswegen wird solch ein Szenario leider nie jemand zu Gesicht bekommen. Denn wer bin ich, um über solche Dinge zu urteilen? Ein einfacher Fallschirmjäger und Zeitsoldat. Kommt ein Befehl, sagen die Luftlandetruppen: »Jawohl!«

Denn die Armee funktioniert nach dem Prinzip der Einzelleitung. Und das finde ich auch richtig, denn wenn uns wirklich jemand angreift und wir anfangen zu diskutieren, ob etwas richtig oder falsch ist, gut oder schlecht, wahr oder gelogen, dann kann uns das teuer zu stehen kommen. Dann können Städte bombardiert und eingenommen werden, unsere Angehörigen zu Schaden kommen, während jeder Soldat darüber nachdenkt, ob die Führung recht hat.

Auch diesmal haben wir einen Befehl ausgeführt. Für mich persönlich wäre es eine Schande gewesen, mich am 24. Februar zu weigern, die ukrainische Grenze zu überqueren, denn zu dem Zeitpunkt hatte ich nicht die Informationen, die ich heute habe, ich kannte die strategische und militärische Lage nicht. Über diese Informationen müssen die Männer an der Spitze verfügen – dafür haben die Völker unseres Landes sie ja mit fast grenzenloser Macht ausgestattet. Haben ihnen ihr Vertrauen geschenkt, damit sie den Wohlstand, die Macht und das Ansehen unseres Landes mehren oder wenigstens erhalten. Die Kraft der russischen Armee liegt in ihren Händen. Vielleicht muss man die da oben noch einmal daran erinnern, dass das Volk sie nicht mit dieser Macht betraut hat, um Menschen zu töten, sondern um unser Land und seine

Völker zu schützen, damit sich der Schrecken des Mongolensturms, des von Napoleon in Brand gesetzten Moskau und des von Hitler zerstörten Stalingrad nicht wiederholt. Aber sie scheinen das vergessen zu haben oder zu ignorieren und verwandeln Russland vor den Augen der Weltgemeinschaft in ein Viertes Reich. Wer trägt die Schuld daran? Ich? Ich sehe ja auch zu, wie Russland in den Abgrund stürzt.

27.02.2022

Gegen ein Uhr in der Nacht sehe ich Cherson. Die Kolonne steht lang gezogen auf der Straße. Ich habe den Eindruck, dass wir die Stadt umzingeln wollen. Ich hoffe, unsere genialen Heerführer lassen uns nicht in der Nacht als Kolonne in die Stadt einmarschieren – dann sieht die Sache zweifellos düster aus.

Wir sitzen eine Weile in den Wagen, dann laden wir aus. Die 120-mm-Mörser neben uns eröffnen das Feuer, sie erreichen eine Distanz bis zu acht Kilometern. Unsere 82-mm-Mörser eignen sich nur als Deckung für die angreifende Infanterie. Wieder frage ich mich, warum ich, verdammt noch mal, zu den Mörserschützen bin. Wäre ich doch bei der Sturmkompanie, statt hier auf diesen Minenkisten wie auf einem Pulverfass zu sitzen!

Ein Kamerad aus dem Fahrerhäuschen bringt uns eine Flasche Mineralwasser. Er hat von irgendwem mehrere bekommen. Wir trinken sie in einem Zug aus, das süße Wasser gibt uns für einen Moment Kraft.

Um zwei Uhr fährt die Aufklärung zum Flughafen von Cherson – unser Regiment soll ihn einnehmen. Langsam fahren auch wir den Aufklärern hinterher – wir, das heißt: die Mörserschützen und das Sturmbataillon (von dem nur noch meine alte Kompanie übrig ist, der Rest ist zusammen mit dem Bataillonskommandeur am 24. Februar verschwunden) mit den UAZ und das Fallschirmjägerbataillon (von dem, wie mir scheint, auch nicht mehr viele übrig sind, ein Teil muss entweder irgendwo abgebogen oder ihre Wagen müssen liegen geblieben sein) mit den BMD-2.

Später werde ich erfahren, dass der Weg bis zum Flughafen nicht weit war, aber wir schleichen geradezu. Man sieht Wohnhäuser, irgendwelche Gebäude, Geschäfte, Tankstellen und Lagerhallen – wir fahren durch die Vorstadt. Ein Straßenschild zum Flughafen taucht auf. Wir sehen viele zerstörte Fahrzeuge, ab und zu hören wir Schüsse. Ich bin müde vom Warten, Hungern, Frieren. Ich kann die Augen kaum noch offen halten, aber ich habe Angst, einzuschlafen und kalt erwischt zu werden. Mein Kamerad nickt auch immer wieder weg, dabei sind um uns lauter fabelhafte Orte für einen Hinterhalt.

Langsam erreichen wir das Flughafengelände. Unser URAL ohne Bremsen hält neben dem Terminal. In dem Gebäude gehen unsere Männer bereits ein und aus, die Führung hat dort ihren Stab eingerichtet. Offenbar stehen die Dinge gar nicht schlecht, und wir haben unsere Aufgabe erfüllt. Ich schlafe ein.

Plötzlich helles Licht, Hektik, jemand schreit: »Zum Gefecht!« Unser URAL fährt irgendwohin, bleibt dann abrupt stehen. Wir springen von der Ladefläche, verstehen gar nichts. Eine heftige Explosion erleuchtet alles um uns herum. Ich sehe sechs von unseren Mörser-LKW, daneben die UAZ meiner Kompanie und Militärgerät ein bisschen abseits. Auf der Landebahn ist ein KAMAZ-Lastwagen in die Luft gegangen. Ich kann nicht erkennen, wie viele Wagen brennen, zwei oder drei. Menschen rennen weg, werfen sich auf den Boden, manche nehmen Stellung ein. Einige Wagen entfernen sich vom Feuer und den andauernden Explosionen. Ich sehe das Terminalgebäude, dort rattern die MGs, ich kapiere gar nichts. Frage jeden um mich herum: »Was ist los?« Keiner weiß was. Noch mehr heftige Explosionen. Splitter sausen umher und durchschneiden pfeifend die Luft. Bei jeder Explosion werfe ich mich auf den Boden und springe danach wieder auf, versuche zu verstehen, womit, woher geschossen wird. Der KAMAZ lodert in hellen Flammen, die das Flughafengelände erleuchten. Er hatte Haubitzengeschosse geladen, deswegen hören die Explosionen gar nicht mehr auf. Der junge Leutnant – auch er versteht nicht, was überhaupt los ist – gibt das Kommando »Mörser zum Gefecht!«. Wir beziehen Stellung.

Ich bin es leid, bei jeder Explosion Burpees zu machen, deswegen gehe ich fünfzig Meter zur Seite, lege mich auf den Boden und bedecke den Kopf mit meinem Sturmgewehr. Wieder ärgere ich mich, dass ich meinen Helm verloren habe. Bis zum brennenden KAMAZ sind es knapp zweihundert Meter. Splitter von den Explosionen schlagen neben mir auf dem Boden ein.

Ich blicke um mich: Meine Kompanie bezieht kreisförmig liegend Stellung. Ich lege mich dazu, versuche herauszufinden, was passiert. Keiner weiß was. Zehn Minuten später wird klar, dass wir nicht in einen Hinterhalt geraten sind und uns niemand angreift. Ich weiß nicht, wie, aber mehrere LKW wurden zerstört. Unklar, ob es Tote und Verletzte gibt. Nach ein paar Stunden sind die Wagen ausgebrannt und qualmen nur noch. Die Explosionen haben aufgehört. Die Sonne geht auf.

Wir beginnen Schützengräben auszuheben. Meine Kompanie wird mit ihren UAZ auf einer Linie mit Abstand von hundert Metern zueinander verteilt. In jedem UAZ sind vier, fünf Männer. Insgesamt hat die Kolonie eine Stärke von etwa vierzig Mann, hinzu kommen um die zehn Fahrer. Einer der Fahrer steuert eigentlich Drohnen und wurde aus welchen Gründen auch immer noch auf der Krim als Fahrer eingeteilt.

Die Linie der UAZ liegt vor der Landebahn, dahinter ist das Terminal, in dem sich die Führung eingerichtet hat. Neben dem Terminal steht Militärgerät. Das ist alles, was ich sehe. Wir heben neben dem ganz außen stehenden UAZ Gräben für unsere Mörser aus. Ich sage zu dem Leutnant, es sei Schwachsinn, vor der Sturminfanterie Schützengräben auszuheben, wir sollten erst unsere Stellungen erfahren. Der erwidert blöde, ihm sei gesagt worden, unsere Stellungen seien hier. Direkt neben uns stehen Lastwagen mit Minen. Wenn wir angegriffen werden, verwandeln auch die sich in ein Feuerwerk. Der Leutnant hat keine Lust mehr, mir zuzuhören, sagt nur: »Geh ins Terminal und erzähl das der Führung.« Die anderen Mörserschützen heben motzend Gräben aus. Mir wird bewusst, dass ich auch hier den Klugscheißer raushängen lasse und mich mit den Vorgesetzten anlege, also beschließe ich die Klappe zu halten und auch zu graben – keine Kraft zu streiten, es nützt auch nichts.

Es ist ein harter Lehmboden, wir graben sicherlich bis elf Uhr. Dann kommt der Befehl, unsere LKW an eine andere Stelle, in den Wald hinter der Landebahn, zu bringen. Die Fahrer steigen ein, fahren die sechs Wagen etwa zweihundertfünfzig Meter weiter. Der Waldstreifen besteht aus trockenen kleinen Bäumen. Die LKW sollen eigentlich getarnt werden, aber man sieht sie sofort von überall. Ende Februar haben die Bäume kein Laub, und die trockenen Baumkronen sind niedriger als die LKW. Aber wenigstens stehen sie jetzt weiter von uns weg.

Zwei Kilometer von uns entfernt wird ein PKW gesichtet, der in den Waldstreifen gefahren ist. Wir wissen nicht, wer es ist, feuern aber eine Mine in die Richtung, damit er nicht näherkommt. Unsere UAZ fahren zur Aufklärung los. Der PKW wendet in einer Staubwolke und fährt mit Vollgas davon.

Gegen zwölf Uhr kommt das Kommando, die Mörser näher zur Wetterstation am Terminal zu verlegen. Wie ich es befürchtet habe, war das Ausheben der Schützengräben umsonst. Die Leutnants werden ins Terminal einbestellt. Aufgewühlt kommen sie wieder und sagen, dass wir im Waldstreifen neben den Lastern Stellung beziehen sollen. Wir schleppen die Geschütze, laden alles in die LKW, es ist gegen 14 Uhr.

Außerdem haben sie folgende Information für uns: Unsere Aufgabe ist es, um jeden Preis den Flughafen zu halten. Nach Angaben der Aufklärung sind etwa zwanzig Panzer und zweitausend Infanteristen (unter ihnen auch Söldner) aus Nikolajew zu uns unterwegs. Außerdem ist mit Raketenbeschuss zu rechnen. Aus der Ferne wird uns unsere schwere Artillerie decken. Wir müssen die Wagen tarnen und uns eingraben, denn wenn der Feind nah bei uns ist, wird die Artillerie auch uns treffen. Die 82-mm-Mörser nützen nichts, deswegen sollen wir uns bei den LKW eingraben und wie Infanteristen agieren. »Wenn euch das nicht passt, gebt die Waffen ab, die Krim ist in dieser Richtung!«

Scheiße. Ich sehe, dass die Leutnants auch wie erschlagen sind, aber sie versuchen das Gesicht zu wahren. Alle wirken, milde gesagt, etwas betrübt. Manche sagen, dass sie auf den Scheiß keinen Bock haben, manche spucken große Töne, um sich Mut zu machen, andere fangen einfach ohne Widerrede an, die LKW zu tarnen – als würden sie ein Lagerfeuer machen, legen sie lange trockene Äste drauf, es sieht aus wie ein Wigwam. Der auch so schon lichte Wald wird durch die gesammelten Äste noch lichter. Die sechs Laster sind von weitem wunderbar zu sehen.

Ich kann es schon wieder nicht lassen und sage, dass das alles Bullshit ist und keine Tarnung, dass wir schnell und weiter weg von den LKW Schützengräben ausheben sollten, dass uns beim Gefecht hier sonst alles in die Luft fliegt und wir am Arsch sind. Der Leutnant schlägt eine Stelle dreißig Meter entfernt vor, die Leute fangen an zu murren, im Endeffekt sucht sich jeder einfach selbst einen Platz. Ich fange einfach in der Nähe der Wagen zu graben an, obwohl mir klar ist, dass das hier im Grunde Selbstmord ist. Wieder wird mir vorgeführt, dass sie den Leuten an den Militärunis schon fabelhaft beibringen, nicht zu denken.

Das einzig Gute ist, dass meine alten Kameraden in der Nähe sind. Alle von der Führung, die höher stehen als die

Kompaniechefs, sitzen im Terminal. Ein paar Leute sind dorthin, um Wasser zu holen, sie haben mitgebracht, so viel sie tragen konnten. Wir stillen unseren Durst ein wenig. Die Kameraden, die im Terminal waren, erzählen, dass es zwar noch Wasser gibt, die Duty-free-Läden aber längst geplündert sind. Wie ungerecht: Wir sitzen hier und haben gar nichts, während die Führung es sich mit Essen, Wasser, Alkohol und Zigaretten gut gehen lässt. Das Terminal sieht ganz solide aus, die Chance zu überleben ist dort klar höher. Aber wie heißt es so schön: Jeder nach seinen Fähigkeiten …

Wir müssen erneut Schützengräben ausheben, aber ich habe keine Kraft mehr. Eine halbe Stunde liege ich einfach auf dem Rücken und schaue in den wunderschönen blauen Himmel. Frage mich, ob ich die Mörserschützen verlassen und zu meiner Kompanie zurückgehen soll. Andererseits besteht hier die Besatzung nur aus drei Männern, einer davon ist gleichzeitig auch Fahrer, sie brauchen mich. Ich entscheide mich dafür, bei ihnen zu bleiben. Es ist sicher kein Zufall, dass ich bei ihnen gelandet bin.

Ich stehe auf und gehe noch mal die Stellungen ab. Die Mörser stehen ganz außen links, etwas weiter vorne rechts ist meine Kompanie, rechts von ihr sehe ich UAZ der 4. und 5. Luftsturmkompanie, ein paar Wagen sind nicht mit dem Bataillonskommandeur gefahren. An der rechten Flanke sollten noch BMDs des Fallschirmjägerbataillons sein, aber ich sehe sie nicht. Das Flughafengelände ist groß, ich überblicke nicht alles. Die Führung und die Ärzte sind im Terminal. Bei meiner Runde durch die Stellungen der Kompanie stelle ich fest, dass alle genauso ausgelaugt sind wie ich. Sie heben Schützengräben aus, stellen AGS, Maschinengewehre und Panzerabwehrlenkwaffen (mit denen noch nie jemand geschossen hat, weil eine Rakete 500 000 Rubel kostet; ich bin sprachlos von diesem Verein) auf, verteilen Granaten, Munition und RPG um die Schützengräben. Bei allen Mängeln: Munition haben wir genug. Wenn man sparsam damit umgeht, kann man bis zum Morgen durchhalten. Natürlich nur, wenn die Panzer uns nicht mit Grad-Raketen aus der Distanz platt machen und die Infanterie dann den Rest erledigt.

Neben uns stehen – völlig lächerlich – UAZ, die unsere Stellungen verraten und nicht einmal vor Splittern schützen. Alle Soldaten haben einen merkwürdigen Ausdruck in den Augen: als wären sie sie selbst und gleichzeitig auch nicht. Solche Augen sieht man nicht in Friedenszeiten. Wahrscheinlich weil alle wissen, dass es unser letzter Tag sein könnte. Neugierig und mitleidig betrachte ich die Leute, die Kiew in drei Tagen einnehmen wollten. Auch ihnen scheint es jetzt zu dämmern. Trotzdem heben alle Gräben aus und wirken nicht, als wollten sie die Flatter machen.

Beim Dienst haben wir uns oft aufgezogen und uns gegenseitig im Scherz als »Profis« bezeichnet, aber jetzt sind alle ernst und sprechen einander mit »Bruder« an. Mich überkommt ein Gefühl des Stolzes auf alle diese Jungs. Und wieder der Gedanke, dass wir bisher einfach Glück hatten, das nun vorbei ist, und man sich auf das Schlimmste einstellen muss. Vor uns haben die Fallschirmjäger auch bis zuletzt gekämpft. Jetzt sind wir dran, auch wir müssen bis zum Schluss die Stellung halten.

Von dieser Erkenntnis und dem langsamen Abfinden mit der Situation überkommt mich schon wieder die Wut, dass unsere Vorbereitung nur auf dem Papier stattgefunden hat, dass unser Militärgerät hoffnungslos veraltet ist: UAZ, URAL, BMD-2 und AGS – das alles ist fünfzig Jahre alt! Damals war das alles natürlich großartig, aber das ist eine Ewigkeit her! Und sogar unsere Taktik ist noch die gleiche wie die unserer Großväter! Wir sind ein Luftsturmbataillon und wurden in UAZ-Minibussen in den Krieg geschickt, und was für welchen! Bei vielen funktioniert die Heizung nicht, und selbst bei geschlossener Tür bleibt noch ein fingerbreiter Spalt offen!

Wann kapieren alle endlich, dass wir uns selbst vernichten, indem wir unser Militärgerät und unsere Armee in den Himmel loben und die Augen vor den Problemen verschließen?! Die Hälfte aller Männer in unserem Land hat gedient und weiß, wie die Dinge stehen. Aber kaum sind sie zurück und haben einen sitzen, fangen sie an mit »Wir besiegen alle! Wir können das wiederholen!«[1] Wie viele Idioten habe ich schon getroffen, die bis zum Verrecken behaupten, bei uns wäre alles am besten. Etwas, was vor fünfzig Jahren angefertigt wurde, kann nicht das Beste sein, allein schon deswegen, weil der Zahn der Zeit auch vor Militärgerät nicht haltmacht. Ein riesiger Teil der Fahrzeuge hat es schlichtweg nicht bis zum Krieg geschafft, und das waren gerade mal zwei-, dreihundert Kilometer!

---

1 Nach der Krim-Angliederung wurde die Formel »Wir können das wiederholen« Gegenstand verschiedener Memes. Gestartet als eine Anspielung auf den Sieg über Hitlerdeutschland, entwickelte sich die Phrase bald zu einer Drohformel, die sich in den Folgejahren auch gegen die NATO und die USA richtete. [A.d.Ü.]

Mit diesen Gedanken im Kopf komme ich an einem UAZ meiner Kompanie vorbei. Die Jungs haben sich ein bisschen eingegraben und sitzen jetzt einfach da, haben ihre EPas aufgewärmt, jemand hat eine Flasche Cognac aufgetrieben. Sie ist schon zur Hälfte leer, die vier sind sichtlich entspannt. Sie reichen mir die Flasche, und ich setze mich dazu. Auf der Motorhaube des UAZ liegt ein blaues Barett, es sieht sehr schön aus. Ich sehe mir die Flasche an: ein guter Cognac. Der Kamerad, der mir die Flasche gegeben hat, sagt: »Auf unsere Jungs.« Ich stoße mit der Flasche mit ihren Fäusten an und nehme ein paar Schlucke. Mir wird gleich wohlig warm, die Wärme wandert vom Mund in den Bauch.

Ich rauche eine Zigarette und sehe mir mit ihnen die Stellungen an. Panzer werden unsere UAZ mit Leichtigkeit aus der Distanz vernichten, wir werden den Angriff aus den Schützengräben abwehren müssen. Wir sind verdammt wenige. Wo sind unsere Panzer, die gestern noch hier waren? Wahrscheinlich haben die anderen die Stadt umzingelt, und wir werden den Flughafen halten müssen.

Ich entspanne mich ein bisschen, wir versuchen uns gegenseitig Mut zu machen mit Sprüchen wie »Ein Russe gibt nicht auf!«. Scheiße, wenn man in solchen Situationen nichts als die Erinnerung an Heldentaten irgendwelcher Menschen hat, die längst tot sind, gefallen in anderen Kriegen. Wer braucht schon eine gute Vorbereitung, Ausrüstung und modernes Militärgerät – Patriotismus muss reichen.

Ich muss mir endlich einen Schützengraben ausheben. Zurück bei den Mörsern, stelle ich fest, dass die meisten sich schon Gräben ausgehoben haben, um im Liegen schießen zu können. Herausgekommen ist eine Linie aus Einzelgräben. Ich suche mir einen Platz in der Nähe meiner Besatzung und fange an zu graben.

Als ich fertig bin, lege ich noch Granaten drum herum, eine behalte ich im Graben. Wir setzen uns mit meiner Besatzung zusammen, wärmen unsere EPas auf und essen uns satt. Man kann über vieles meckern, aber unsere EPas sind gut. Wir kochen Wasser und trinken noch Kaffee.

Im Laufe des Tages dringt immer wieder der Lärm von Schüssen und Raketen zu uns. Ein paarmal sehe ich Panzir-Raketen, die von der anderen Seite des Terminals abgefeuert werden und Drohnen treffen.

Es ist dunkel. Ich laufe noch ein bisschen durch die Stellungen der Mörsereinheit, um mit allen zu plaudern. Die Einstellung unseres Ältesten, des Dagestaners, gefällt mir besonders gut. Er ist aufgeregt, aber bleibt aufrecht und sagt zu allen, dass wir es schaffen, dass wir »die Ukrainer ficken« und bis zuletzt kämpfen werden.

Gegen Mitternacht bin ich es leid, auf den Angriff zu warten und gehe zu meinem Graben. Die Jungs haben einen Schlafsack mit einem kaputten Reißverschluss für mich aufgetrieben, ich wickele mich darin ein und lege mich auf den Rücken, das Sturmgewehr im Arm. Die Granate, die ich im Schützengraben habe, lege ich mir unter den Kopf.

Da liege ich und schaue in den Himmel. Er ist heute besonders schön: so viele Sterne und eine unwahrscheinlich hohe Zahl an Satelliten. Das Leben kommt mir wunderbar vor. Ich habe keine Kraft mehr, alles um mich herum zu analysieren, und beschließe zu schlafen. Im Halbschlaf schärfe ich mir ein, dass ich nicht zurückweichen werde, wenn das Gefecht beginnt, egal was passiert. Und wenn ich schwer verwundet werde oder drohe in Kriegsgefangenschaft zu kommen, jage ich mich selbst mit der Granate in die Luft.

»Gott, gib mir Kraft, mit Würde anzunehmen, was mir beschieden ist. Im 56. geboren, dann ist es wohl mein Los.« Zehn Jahre hatte ich ein vollkommen anderes Leben – als ich mit Pferden gearbeitet habe. Diese Jahre kommen mir jetzt ganz unwirklich vor. Das war nicht ich, wirklich ich bin ich jetzt und hier.

Die Gedanken überschlagen sich in meinem Kopf. Ich habe mich mit der Situation abgefunden, und das verschafft mir das Gefühl absoluten Glücks. Langsam döse ich weg. Doch da kommt ein Kamerad von der Patrouille mit den Worten »Pawel, bist du noch wach? Lass uns eine rauchen« auf mich zu. Er fängt an von seiner Familie, seiner Frau und den Kindern zu erzählen. In vollkommener Dunkelheit hockt er neben mir, ich liege auf dem Rücken, eingewickelt in meinen Schlafsack, das Gewehr im Arm. Ich weiß, dass er sich noch mal aussprechen muss und Beistand braucht. Ich rauche und versuche ihm zu folgen, stimme zu. Und schlafe ein.

Ich bin in einer Soldatenfamilie großgeworden. Mein Vater diente ebenso im 56. Luftsturmregiment wie ich später. Deswegen beobachte ich den Zerfall der Luftlandetruppen schon mein Leben lang.

Mein Vater war für die Russische Föderation an der

UN-Friedensmission in Jugoslawien beteiligt. Er diente im ersten und zweiten Tschetschenienkrieg. Sein ganzes Leben und seine Gesundheit hat er dem Militär geopfert. Als Patriot glaubte er aufrichtig an die guten Absichten unseres Landes. Als der zweite Tschetschenienkrieg begann, hatte er bereits nur noch eine Niere, aber für ihn wäre es eine Schande gewesen zu verweigern. Letztlich hat er beide Kriege mitgemacht.

2017 starb er an Krebs. Unser letztes Gespräch drehte sich darum, ob er das alles bereuen würde. Ich brachte ihn mit dem Auto aus einer onkologischen Klinik in Wolgograd heim nach Kamyschin. Er war damals 52. Von Wolgograd nach Kamyschin sind es zweihundert Kilometer. Es war Anfang August. Vor einem Monat war ihm die Blase entfernt worden, und er hatte, wie ich schon sagte, seit 1999 nur eine Niere, was ihn nicht davon abgehalten hatte, bei den Luftlandetruppen zu dienen, an Kampfhandlungen teilzunehmen oder beispielsweise dreißig Klimmzüge zu machen. Der Krebs war vor zwei Monaten entdeckt worden, seitdem ging es ihm rapide schlechter. Er musste dringend operiert werden, aber es gelang uns nicht, Hilfe von der Armee zu bekommen. Am Ende machte er die OP auf eigene Kosten in Nischni Nowgorod. In Wolgograd musste er sich nun seinen Nierenkatheter wechseln lassen.

Ich weiß noch, wie wir den ganzen Tag im Wartezimmer verbrachten, wo es so schwül war, dass sogar mir schwindlig wurde, obwohl ich gesund war. Es gab irgendeine Kommission, die darüber entschied, ob er den Eingriff bekäme oder nicht. Ich erinnerte mich, wie mein Vater vor wenigen Monaten ausgesehen hatte – ein kräftiger, sportlicher Mann. Jetzt kauerte er da auf seinem Stuhl, vor dieser Kommission von sieben Leuten: abgemagert, mit nur einer Niere und ohne Blase. Geleitet wurde diese Kommission von einer Frau um die fünfunddreißig, die unhöflich und genervt Fragen stellte. Ich sah meinem Vater an, dass es ihm sehr schlecht ging und er nicht verstand, was sie von ihm wollte. Aber sie hörte nicht auf, erhob sogar die Stimme. Da brannte mir die Sicherung durch, und ich brüllte sie alle an. Ich verstehe nicht, wie man so mit einem kranken Menschen umgehen kann! Ich verstehe nicht, warum unser Land so ungerecht ist. Menschen opfern ihm ihre Gesundheit, und der ganze Respekt, den sie bekommen, beschränkt sich auf das propagandistische Geschwafel im Staatsfernsehen. Ich verstehe nicht, wie unsere Gesellschaft so verrottet sein kann, dass sich Ärzte erlauben, so mit Patienten zu reden.

Nachdem ich alles herausgebrüllt hatte, marschierte ich zur Chefärztin. Ich weiß noch, wie ich in ihr Büro stürmte und sagte, mein Vater sei Soldat, Rentner und Kriegsveteran, und wenn sie nicht sofort den Eingriff vornähmen, würde ich ihn zum Sterben hierlassen und losfahren, um Journalisten, den FSB, die Staatsanwaltschaft, die Polizei und sonst noch wen zu holen. Überraschenderweise veranlasste sie, dass alles gemacht wurde, zudem noch kostenlos. Entweder taten wir ihr wirklich leid, oder sie bekam Angst, oder es gibt doch noch anständige Menschen in diesem System.

Nach ein paar Tagen in dem Krankenhaus fuhr ich meinen Vater also zweihundert Kilometer nach Hause, und wir unterhielten uns die ganze Fahrt über. In meinem Kopf kreiste der Song »Erzähl, Vater, erzähl« von Golubyje Berety [dt. »Die blauen Baretts«].

Es ärgerte mich, wie er behandelt worden war, wie gleichgültig sich unser verrottetes System gegenüber einem Kriegsveteranen verhielt. Er bekam natürlich eine Soldatenrente, aber die war mickrig, gerade mal 15 000 Rubel. Ein Behindertenausweis ist ihm nie zuerkannt worden, denn man muss bei uns ja mehrere Höllenkreise durchlaufen, um zu beweisen, dass man eine Behinderung hat. Er war ein echter Patriot, ein Fallschirmjäger der alten Sowjetischen Garde, die es leider nicht mehr gibt. Er glaubte bis zuletzt – sogar in dem Zustand, den ich gerade beschrieben habe – an die guten Absichten unserer Regierung, daran, dass sie unser Land und seine Armee besser machen würden. Er hatte es abgelehnt, als Spätaussiedler nach Deutschland zu immigrieren (meine Großmutter war Deutsche gewesen, auch sie war nach Sibirien deportiert worden), denn er glaubte an Russland und sah sich als Russe. Und das alles, obwohl ihm als 52-jährigem Rentner und Kriegsveteranen die medizinische Hilfe der Armee verweigert wurde und er sich auf eigene Kosten behandeln lassen musste. Zu dem Zeitpunkt war er bereits Invalide, und niemand außer ein paar alten Freunden und seiner Familie brauchte ihn. Es ärgerte mich, dass er sich alle diese Krankheiten bei seinem Dienst in Russlands Kriegen zugezogen hatte und dafür nichts außer einer kümmerlichen Rente bekam. Und als er eine medizinische Behandlung brauchte, ließ ihn der Staat im Stich, wie so viele andere, die ihr Leben und ihre Gesundheit nicht darauf verwendet haben, Jachten, Schlösser und Luxus anzuhäufen, sondern für eine lichte Zukunft ihres großartigen Landes und seines leidgeprüften Volkes, dem seine Vorfahren, die den Faschismus besiegt hatten, vor allem eines mitgegeben hatten: »Nie wieder Krieg!«

Damals wusste ich schon, dass er nicht mehr lange zu leben hatte. Aber wegen meiner Wut darüber, dass er seine Familie so früh verlassen musste, mit gerade einmal 52 Jahren, konnte ich nicht anders und musste auch über Politik sprechen: über die Tschetschenienkriege, die Korruption und den Niedergang der Armee. Ich fragte ihn, ob er es nicht bereue, seine Gesundheit der Armee geopfert zu haben, während die sich nicht einmal um seine medizinische Versorgung kümmerte, während sie überall die Weiterentwicklung und Unbesiegbarkeit russischer Waffen verkündeten. Ich glaubte schon damals nicht daran, ich kannte den Laden ja von innen.

Aber Vater widersprach mir, so schlecht sei es nicht, man werde es schon richten, und dann gehe es bergauf. Unsere Armee entwickle sich gut, und der Präsident mache alles richtig.

Deswegen hatten wir einen Streit und verbrachten die letzte halbe Stunde der Fahrt schweigend. Ich arbeitete damals in Wolgograd, deswegen setzte ich ihn zu Hause bei Mutter und Schwester ab und fuhr gleich wieder zurück. Drei Wochen später kam ich zu seiner Beerdigung wieder. Es tut mir sehr leid, dass unser letztes Gespräch so verlaufen war. Aber in mir sitzt immer noch der Frust, dass sich in der Armee nichts zum Besseren verändert. Warum werden die Probleme nicht gelöst?

28.02.2022

In der Nacht habe ich Schüsse und Explosionen gehört. Ich habe zu fest geschlafen, als dass ich wüsste, wo genau sie hergekommen sind, aber wegen der Kälte bin ich mehrmals aufgewacht. Im Morgengrauen stehe ich auf. Ich spüre wieder Lebenslust.

Ich drehe eine Runde, rede mit allen. Es werden EPas verteilt. In der Nacht gab es keinen Angriff, angeblich hat die Artillerie sie ferngehalten. Soweit die Gerüchte.

Man erzählt sich auch, unsere Aufklärer hätten den Bataillonskommandeur und den Chef der Mörsereinheit gefunden, die am 24. Februar vorangefahren sind. Und auch die zwei Kompanien. Ich weiß nicht, ob das die Wahrheit ist oder Fake News.

Es heißt außerdem, jemand hätte aus einem BMD-Panzer ein Zivilfahrzeug abgeschossen, weil es sich geweigert habe anzuhalten. Darin sei eine Mutter mit mehreren Kindern gewesen. Ein Kind habe überlebt und sei jetzt im Terminal. Ich gehöre nicht zu den Leuten, die sich Illusionen über den Krieg machen. In jedem Krieg sterben unschuldige Menschen. Trotzdem fühlt man sich davon ganz widerwärtig. Während unsere Regierungen darüber streiten, wer wie leben soll, und Soldaten auf beiden Seiten als Werkzeuge benutzen, sterben Zivilisten, und ihre Welt wird zerstört. Eigentlich ist das allen klar. Aber wenn es dir so richtig bewusst wird, weißt du nicht, was du tun sollst. Hinschmeißen und gehen? Dann bist du ein Feigling und Verräter. Aber einfach bleiben und mitmachen? Beteiligt sein am Tod und Leid unschuldiger Menschen? Ein unmögliches Dilemma.

Eine Stunde später sehe ich, wie die UAZ der 4. und 5. Kompanie vor uns und links von uns Stellung beziehen. Mich überkommt unbändige Freude. Dann ist alles doch nicht so schlecht. Ich laufe rüber, begrüße sie und will natürlich wissen, wo sie waren und was los war.

Ich gehe von Wagen zu Wagen, sie erzählen mir, dass sie unter schweren Kämpfen über die Brücke gekommen und dann im Wald in Deckung gegangen seien, wo sie auf die Hauptkolonne gewartet hätten. Funkkontakt hätten sie keinen gehabt. Ich spare mir hier die Details, die sie sehr emotional berichtet haben. Was wahr ist und was nicht, wissen nur die Männer, die dabei waren. Sie geben mir ein paar Schachteln Zigaretten, und ich mache mich fröhlich auf den Rückweg – endlich mal gute Nachrichten. Bei den Schützengräben der Mörsereinheit treffe ich den bereits tot geglaubten Chef, der sich äußerlich sehr verändert hat. Aber das haben wir wahrscheinlich alle. Von ihm erfahre ich, dass wir schon wieder neue Gräben für die Mörser ausheben sollen.

Ein paar Stunden später wieder das Kommando »Abzug!«. Wir bereiten uns auf den Sturm von Cherson vor.

Mich überkommt ein seltsames Gefühl: entweder ist es die Erschöpfung oder die Ratlosigkeit, weil ich das Gesamtbild nicht verstehe. Keiner weiß irgendwas, und man kann niemanden fragen. Wir erfahren alles erst im letzten Augenblick.

Eigentlich ist es Aufgabe der Luftlandetruppen, schnell vorzustoßen, einen Aufmarschraum zu schaffen und zu halten, bis die Hauptkräfte eintreffen. Die Luftlandetruppen haben kein ernsthaftes Militärgerät oder Waffen, wir sind nicht die eigentliche Armee – wir sind insgesamt höchstens 40 000 Mann, davon ein Teil Zeitsoldaten, die sich in der Garnison befinden. Wo ist die Armee? Warum bleibt gerade mal die 6. Sturmkompanie hier, während die 4. und 5., die frisch aus dem Jenseits zurückgekehrt sind, schon wieder losfahren, um Cherson zu stürmen? Soll etwa eine unvollständige Kompanie allein den Flughafen halten?

Mit diesen Gedanken bereiten wir uns auf den Angriff

vor. Aber was soll man machen? Ans Aufgeben denkt niemand.

Nachmittag, es ist schon 17 Uhr, auf der Landebahn formieren wir eine Kolonne. Unsere Mörsereinheit soll mit einem kleinen Vorrat Minen in den UAZ der 4. und 5. Kompanie mitfahren. Die LKW bleiben am Flughafen. Schnell verladen wir die Mörser, und jeder sucht sich einen Platz. Ich habe keine Lust auf einen überfüllten UAZ, daher warte ich auf das Ende der Kolonne und springe in den letzten. Wie sich herausstellt, ist es der einzige, der von meiner, der 6. Kompanie, mitfährt.

Die Kolonne setzt sich in Bewegung. Wir sind sechs Mann im Wagen, der mit Munition, Granaten, Maschinengewehren und Panzerabwehrlenkwaffen vollgestopft ist. Ich quetsche mich irgendwo dazwischen. Wir fahren alle mit geladenen Waffen, die Umgebung immer im Blick, bereit, sofort das Feuer zu eröffnen. Wir verlassen das Flughafengelände, unterwegs sehen wir Orte, an denen offenbar Schusswechsel stattgefunden haben. Die Kolonne fährt schnell, alle sind angespannt. Ein paar Tigr kommen uns entgegen, es scheinen Kadyrows Männer zu sein. Wir grüßen einander mit Handzeichen.

Wir fahren durch die Vorstadt, irgendwelche Lagerhallen, Wohnhäuser. Zwischendurch kommen uns Menschen mit Reisetaschen entgegen – sie fliehen aus der Stadt.

Während der Fahrt kann ich mich nur mit Mühe auf der offenen Ladefläche des UAZ halten. Es ist eng, Granaten und Granatwerfer liegen herum, wir sitzen oder stehen oben drauf. Wenn hier was hochgehen sollte, hieße es später sicher, wir seien »heldenhaft im Kampf gestorben«.

Ich schaue durch das Zielfernrohr des Sturmgewehrs. Im Falle eines Hinterhalts muss ich irgendwie aus diesem vollgestopften UAZ springen – Kugeln durchsieben diesen Blecheimer sofort, und wegen der Granaten und RPG ist das Ding obendrein ein Pulverfass.

Es ist eine kurze Fahrt. Bald sehen wir eine kleine Brücke vor uns, sie führt über ein ausgetrocknetes Flüsschen, dessen Ufer mit hohem Schilf bewachsen ist. Das ist schon die Einfahrt in die Stadt, danach beginnen Hochhäuser. Ich habe gehofft, dass wir nicht mit der Kolonne reinfahren, offenbar habe ich mich geirrt.

An der kleinen Brücke bleiben wir stehen. Ein perfekter Ort für einen Hinterhalt: Die Kolonne steht auf einer schmalen Straße, rechts und links ist hohes Schilf, hinten kleine Wohnhäuser, vorn Hochhäuser und rechts eine Fabrik. Dieser Irrsinn geht mir nicht in den Kopf! Wir sind ein perfektes Ziel in unseren ungepanzerten UAZ. Wir bleiben sicher noch zwanzig Minuten stehen, dicht an dicht. Immer wieder passieren uns zivile PKW. Bald wird es dunkel.

Schließlich versuchen die ersten auf der schmalen Straße zu wenden und langsam zurückzusetzen. Wie sich herausstellt, sind wir falsch abgebogen. Wie hirnrissig! Ich frage mich, warum sie uns immer noch nicht angegriffen haben. Locken sie uns immer weiter rein, oder geben sie die Stadt einfach auf?

Eine Kompanie bezieht rechts neben der Brücke Stellung, die andere links. Ich bin in der linken. Zivilwagen rasen an uns vorbei, aus der Hälfte davon filmen uns Leute mit ihren Handys. Dann noch ein VW-Bulli, ich sehe, dass er proppenvoll ist mit kräftigen Männern. Keiner hat das Kommando erteilt, die Straße zu sperren. Ein Motorradfahrer prescht vorbei und filmt uns mit einer GoPro.

Die ganze Zeit sind wir in einer Rundumverteidigung in Stellung. Hinter uns Wohnhäuser, vor uns, auf der anderen Seite des schilfbewachsenen Flüsschens, liegt Cherson. Auf jeder Seite sind um die fünfzehn UAZ, verstärkt durch 82-mm-Mörser. In den Kompanien sind MGs, Maschinengranatwerfer und Panzerabwehrlenkwaffen.

Die Atmosphäre ist aufgeheizt. Es wird schnell dunkel. Aus der Stadt dringen vereinzelt Schüsse. Es kommt das Kommando, Schützengräben auszuheben. Von unseren Leuten ist eigentlich noch keiner in Cherson. Später erfahre ich, dass die restlichen Truppen der 7. Division aus verschiedenen Richtungen in die Stadt vorgerückt sind, dort ist auch unser Fallschirmjägerbataillon. Jede Teileinheit hat ihren eigenen Auftrag und soll einen anderen Punkt einnehmen. Wir sollen zum Hafen. Schicken sie uns wirklich los, um die Stadt nachts einzunehmen?

Vor dem Flüsschen ist ein kleiner Erdwall – keine schlechte Stellung, aber direkt hinter uns sind Wohnhäuser. Sollte der Feind die Gegend kennen, wäre es für ihn ein Leichtes, uns zu umgehen und von dort anzugreifen. Wegen des Adrenalins stehe ich immer noch unter Strom. Keine Ahnung, was der Plan ist. Wie immer weiß niemand etwas.

Es ist dunkel, in den Häusern geht kein Licht an. Im Wohngebiet hinter uns bilden Männer Gruppen und kommen schließlich zu uns. Sie äußern unmissverständlich ihre Unzufriedenheit über unsere Anwesenheit. Wir versuchen höflich zu erklären. Die Leute haben ein wenig Angst vor uns, aber manche Zivilisten sind auch ziemlich aggressiv. Bei uns liegen die Nerven genauso blank, wir wissen ja nicht, womit wir rechnen müssen.

Gegen 23 Uhr beginnt an unseren Stellungen auf der rechten Straßenseite etwas zu brennen. Zehn Minuten später ist auch links Feuerschein zu sehen. Jemand hat das Schilf angezündet. Keine Frage, dass das Absicht war und nicht versehentlich von unseren Leuten gemacht wurde.

Weil Wind aufkommt, brennt es bald lichterloh, unsere Stellungen sind taghell ausgeleuchtet. Wegen der Helligkeit sehen wir nicht, was ringsum im Dunkeln ist. Wir werden unruhig, beziehen Stellung und halten die Augen offen. Vielleicht beleuchtet man uns, um einen Artilleriebeschuss vorzubereiten. Die Einheimischen bleiben jetzt weg.

Das Schilf brennt immer stärker, die Flammen schießen in die Höhe und greifen auf die Bäume über. Ich stehe am Erdwall, wo mehrere Jungs liegen und die Stadt am anderen Flussufer beobachten, die nun vom Feuer verdeckt ist. Einer sagt, er sehe da was, und schreit sofort: »Stehen bleiben, oder ich schieße!« Ich renne zu ihnen und werfe mich auf den Boden, gehe hinter dem Wall in Deckung. Ich richte die Waffe nach vorn und starre in die Dunkelheit. Fast alles steht in Flammen, aber ein bisschen unberührten Boden gibt es noch. An einer solchen Stelle sehe auch ich eine schwarze Silhouette. Ich ziele auf sie und brülle mit der furchteinflößendsten Stimme, zu der ich fähig bin: »Bleib stehen, du Wichser, sonst knalle ich dich ab! Hände hoch! Kriech hier rüber! Kriech auf allen vieren!« Ähnliches schreien auch die Leute neben mir.

Der Mensch zögert, aber schließlich bewegt er sich doch in unsere Richtung, kriecht auf allen vieren den Wall hoch. Als er in der Nähe ist, stehe ich auf und packe ihn am Kragen, ziehe ihn mit aller Kraft zu mir über den Wall. Der Kerl kippt auf mich drauf, ich verliere das Gleichgewicht und rutsche auf den Knien den Abhang hinunter.

Sofort springe ich wieder auf und versuche den Kerl am Schlafittchen zu packen. Da sehe ich, wie jemand neben mir ausholt, um ihm eins mit dem Gewehrkolben überzuziehen. Ich schreie: »Tu's nicht!«, mache einen Satz nach vorn, der Kolben rutscht über meine Hände und trifft mit einem Knall seinen Kopf. Nicht dass er mir leidtut, aber ich wollte unbedingt mit ihm reden. Außerdem finde ich, man sollte niemanden schlagen, der sich nicht wehrt.

Der Typ schreit: »Nicht schlagen!« Er trägt eine schwarze Hose und einen schwarzen Pulli, zu kalt für die Jahreszeit. Ich ziehe ihm den Pulli über den Kopf und drehe seine Arme auf den Rücken. Als ich ihn durchsuche, finde ich nichts außer einem Feuerzeug, außerdem stinkt er nach Diesel. Ich versuche ihm Angst zu machen, mal schreie ich ihn an, mal rede ich ganz ruhig mit ihm. Wir wollen wissen, wozu er das Schilf angezündet und wer es ihm befohlen hat. Er sagt, er sei bloß auf dem Heimweg gewesen, und wiederholt immerzu: »Schlagt mich nur nicht!« Es hat ihn übrigens auch niemand mehr geschlagen. Ich kann mich natürlich nicht für die ganze Armee verbürgen, aber vor meinen Augen wurde niemand gequält, geschweige denn vergewaltigt.

Wir stellen ihn auf die Beine und bringen ihn zum UAZ des Kommandeurs. Dort sind schon ein paar andere von seiner Sorte: Männer in Zivil liegen da, die Arme mit Kabelbinder fixiert.

Auf dem Rückweg unterhalte ich mich mit den anderen Jungs. Ich bin mir sicher, dass dieser Knabe das Schilf angezündet hat, der hat sich nicht verlaufen. Da sehe ich, dass eine Gruppe Männer aus der Wohnsiedlung herübergekommen ist. Einer von ihnen spricht derb fluchend mit unseren Männern. Ich stelle mich dazu, das Sturmgewehr vor der Brust. Unser Ältester, der Dagestaner, versucht ihnen sehr höflich zu erklären, dass wir keine Gefahr für sie darstellen und sie wieder nach Hause gehen sollten. Etwa fünf Minuten später tun sie das auch. Sie sehen feindselig aus. Ich habe die Befürchtung, dass sie von den ukrainischen Streitkräften sind und nur Zivil tragen, um sich unsere Stellungen genauer ansehen zu können.

Ringsum ist alles dunkel, neben uns brennt es lichterloh, manchmal sind Schüsse zu hören. Die Anspannung und die Aufregung halten an. Keine Ahnung, was uns erwartet. Klar ist nur, dass dieses Feuer unsere Stellungen verrät. Mich überkommt eine Wut auf diese Zivilisten. Ich verstehe natürlich, dass wir hier ungebetene Gäste sind, aber zu ihrer eigenen Sicherheit sollten sie sich von uns fernhalten. Ihr Verhalten ärgert und wundert mich: Wir haben längst welche von ihnen festgenommen, und sie laufen immer noch hier rum.

Was, zum Teufel, machen wir hier überhaupt? Dafür sind wir nicht ausgebildet. Wo ist die Nationalgarde? Wir sind nicht die Polizei oder die OMON. Wir haben uns auf einen Zusammenstoß mit den ukrainischen Streitkräften eingestellt, aber niemand hat Bock, Zivilisten zu erklären, was wir hier, verflucht noch mal, wollen. Außerdem wissen wir das selbst nicht, verdammte Scheiße. Die Befehle der Führung kommen erst im letzten Moment. Aber zum Diskutieren ist es jetzt zu spät. Du bist an der Front, also entweder sie oder du.

Ich sollte wahrscheinlich noch ein bisschen mehr über mich erzählen. Nach meinem Wehrdienst bin ich von 2007 bis 2010 als Zeitsoldat nach Tschetschenien, in die 46. selbstständige Brigade – ich wollte den echten Armeedienst kennenlernen. Mein Vater hatte mir zwar früher mal angeboten, mir einen Platz an der Militäruni zu besorgen, aber dann versuchte er mir Tschetschenien auszureden. Aber ich wollte alles selbst machen. Mein Plan, der mir damals genial vorkam, sah vor, dass ich erst in der Armee dienen und mich dann an einer Militäruni ohne Zulassungsbeschränkung einschreiben würde. Obwohl auch damals schon alles bei weitem nicht perfekt war, weiß ich jetzt, dass der Militärdienst vor zwölf Jahren deutlich professioneller war.

Ich hatte mir in den Kopf gesetzt, dass ich das System überlisten könnte: Ich kündigte ein halbes Jahr vor Vertragsende. Da hatte ich schon meinen Veteranenausweis, der mich berechtigte, an einer Militäruni zu studieren. Den Wehrdienst hatte ich abgeleistet. Im Folgejahr bereitete ich alle Dokumente vor, machte die nötigen Tests. Ich hatte die Schule 2005 abgeschlossen, damals gab es noch keine einheitliche Staatsprüfung, wie sie jetzt verpflichtend ist. Auch als Veteran musste ich die nötige Punktzahl erreichen, um studieren zu können. Ohne mich vorzubereiten, bestand ich die Prüfung mit der nötigen Punktzahl. Ich fuhr an die Militäruni in Saratow, aber dort hatten sie meine Ergebnisse nicht bekommen und verweigerten mir die Immatrikulation. Eine Zeit lang plagte ich mich mit ihnen herum. Auf der Suche nach Gerechtigkeit wandte ich mich sogar an die Staatsanwaltschaft, aber es half nichts. Ich schwor mir, nie wieder etwas mit diesem System und diesem ungerechten Staat zu tun haben zu wollen. Dann schrieb ich mich für ein Fernstudium zum Geschichtslehrer ein, denn ein Hochschulabschluss gehört sich ja, so dachte ich. Keine Ahnung, warum, aber alle sagten das, also musste es wohl so sein.

Bald darauf widmete ich mein Leben jedoch den Pferden. Zunächst war ich Stallbursche, dann Pferdeführer. Ich ließ mich an unterschiedlichen Orten ausbilden, sammelte Erfahrung. Ich arbeitete als Bereiter, Reitlehrer, Leiter eines Gestüts, aber am Ende hatte ich doch wieder mit dem Staat zu tun: Ich wurde Facharbeiter für Tierzucht bei Miratorg, einem nicht ganz unbekannten staatlichen Großunternehmen in der Fleischindustrie. Anfangs war ich darüber sehr glücklich, ich konnte mich beruflich weiterentwickeln. Der Betrieb wuchs dank staatlicher Fördergelder. Dort arbeiteten an die dreihundert amerikanische und australische Cowboys, die ihre wertvolle Erfahrung mit uns teilten. Alles im Betrieb – die Technik, die Kühe, die Pferde und das Know-how – wurde für unvorstellbare Summen vom Westen gekauft. Es lief ziemlich gut, aber 2017 beschloss unser Staat, es sich wieder einmal mit allen zu versauen, und kündigte als Reaktion auf die Sanktionen allen Amerikanern, die bei Miratorg beschäftigt waren. Es war ihnen dabei nichts zu peinlich: Sie fotografierten, wie die Leute in einer Bar Bier tranken, und nahmen das als Kündigungsgrund. Die russischen Kollegen schämten sich unendlich vor den Amerikanern, die ihre unschätzbar wertvolle Erfahrung mit uns geteilt hatten.

Nachdem die internationale Zusammenarbeit so dämlich beendet worden war, beschloss der Aufsichtsrat eine Importsubstitution. Natürlich ohne die leiseste Ahnung zu haben, dass in Russland keine Westernausrüstung produziert und keine Pferde der Rasse Quarter Horse gezüchtet werden. Dabei fußt das gesamte Know-how der Mast von Black-Angus-Rindern auf amerikanischen Pferden und Rindern. In Russland gibt es eine Menge fabelhafter Pferde, die uns aus der Sowjetunion geblieben sind (obwohl sie in den letzten dreißig Jahren allmählich verschwinden), aber keine, die von ihren Eigenschaften her für die Arbeit mit Rindern geeignet wären. Aber was will man machen? Es ist wie bei der Armee – die Leitung hat entschieden, und wir können zusehen, wie wir klarkommen.

Bei meiner anschließenden Suche nach Werkstätten für Zaumzeug stellte ich mit Erschrecken fest, dass in Russland nicht einmal so einfache Dinge wie Trensen produziert werden – gewöhnliche Metallstücke, die man den Pferden ins Maul legt, um sie zu lenken. Ich schätzte meine Arbeit, deswegen fing ich an, Dinge aus dem Hut zu zaubern: Ich kaufte Pferde im Kaukasus, wofür ich von der Firma 75 000 Rubel bekam (der Mindestwert auf dem Markt). Mit diesem Budget musste ich dann sehr lange suchen, sorgfältig auswählen, verhandeln, denn ich brauchte ja junge und gesunde Pferde. Die Arbeiter auf den Farmen waren äußerst unzufrieden, weil sie zu wenig Pferde und Ausrüstung hatten. Im Grunde konnten sie ihre Arbeit so nicht machen. Wenn ich die neu eröffneten Farmen noch mal besuchte, waren Rinder und Pferde oft in einem fürchterlichen Zustand. Die Arbeiter reichten immer wieder Beschwerde ein, stießen aber auf taube Ohren. Der Aufsichtsrat ließ eine Farm nach der anderen eröffnen – die kümmerten nur ihre Pläne und Berichte. Von mir verlangte man, dass ich die Leute mit allen Mitteln kontrollierte und beruhigte, selbst wenn das hieß, falsche Versprechungen zu machen. Der Plan musste erfüllt werden – wie, war egal. Wenn du nicht willst, findet sich jemand anderes. Menschen sind dort Werkzeuge, mehr nicht.

In der Firma wussten alle, dass in Wirklichkeit alles Medwedew gehörte: Seine Frau saß im Aufsichtsrat, die Brüder Linnik hatten nichts zu sagen. Miratorg hatte de facto das Monopol, weil es die Oblasten Brjansk, Orjol, Kaluga, Smolensk und Kaliningrad beherrschte. Von Leuten in höheren Positionen hörte ich mehr als einmal, dass so viel Geld in das Unternehmen reingepumpt wurde, dass es sich nie rentieren würde.

2018 kam die nächste Überraschung: Weil einige Leute aus dem Aufsichtsrat unter die Sanktionen geraten waren, gab es neue Einschränkungen. Allen Fachkräften wurden die Mittel für Mietwohnungen gestrichen. Was vertraglich vereinbart worden war, kümmerte niemanden. Manche versuchten für ihre Rechte zu kämpfen, zogen vor Gericht. Ich beschloss zu kündigen, weil mir klar war, dass sich das nicht auszahlen würde. Ich bekam sowieso nicht, was mir bei der Einstellung versprochen worden war, und jetzt waren auch noch die zusätzlichen Mittel für die Miete weg.

Ich bereute, dass ich mich noch einmal auf den Staat eingelassen hatte, und dachte, dass ich in Russland wohl am falschen Ort war. Ich beschloss ins Ausland zu fahren, um überhaupt mal zu schauen, was das ist. Einen Monat später ergab sich die Gelegenheit, zu einem Erfahrungsaustausch in der Pferdezucht nach Bayern zu fahren. Ich weiß noch, wie aufgeregt ich war – das erste Mal ins Ausland! Ich hatte so viel davon gehört, aber die Meinungen gingen sehr weit auseinander. Manche erzählten mit Begeisterung von anderen Ländern, während in den Medien sorgfältig Gehirnwäsche betrieben wurde: Da gebe es nur Homopropaganda, und Kindern würden Geschlechtsumwandlungen aufgezwungen; überhaupt sei dort alles schlecht, und man habe dort nichts verloren. Ich denke, man sollte alles mit eigenen Augen sehen und sich selbst eine Meinung bilden.

In Bayern angekommen, konnte ich nicht aufhören über die Ordnung, die Schönheit und die lebensfrohen Menschen zu staunen. Außerdem waren überall Pferde. Sie waren kein Luxusgegenstand, und viele Deutsche konnten mit ihnen umgehen. Als russischer Profi in dem Bereich kam ich mir in Deutschland wie ein Amateur vor.

Ehrlich gesagt wäre ich gern dort geblieben, aber ich fand keine legale Möglichkeit, und natürlich hatte ich auch kein Geld dafür. Also musste ich zurück nach Russland. Aber dort fühlte ich mich fehl am Platz. Ich hatte den Eindruck, dass man mich in meiner Heimat nicht brauchte. Deswegen fasste ich den Entschluss auszuwandern. Für eine Berufsmigration kamen Australien und Kanada infrage, also fing ich an, mich darauf vorzubereiten und Englisch zu lernen. Aber dann kam 2020 Covid, und alle Länder schotteten sich voneinander ab. Ich musste mich mit der Situation abfinden und das Beste draus machen.

Ich jobbte hie und da in der Pferdebranche, aber der Lohn

in diesem kleinen Berufszweig sank immer weiter. Also beschloss ich Anfang 2021 wieder zur Armee zu gehen. Ich wurde ja nicht jünger, ich war 33 und hatte immer noch keine eigene Wohnung. Ich musste Geld verdienen.

Am 12. August 2021 unterschrieb ich wieder einen Vertrag als Zeitsoldat. Ursprünglich wollte ich das beim 56. Luftsturmregiment in Kamyschin machen, in der ich aufgewachsen bin und in dem schon mein Vater gedient hatte. Aber wie schon erwähnt, hatten ein paar Typen da oben beschlossen, es aufzulösen und mit Ausnahme eines Bataillons nach Feodossija zu verlegen. Deswegen war ein paar Jahre zuvor das 181. Luftsturmbataillon formiert worden, auf dessen Grundlage später das neue 56. Luftsturmregiment mit zwei Bataillonen entstehen sollte. Ich wollte aus Prinzip nur im 56. dienen – wenn ich schon zur Armee zurückkehrte, dann nur dorthin, wo ich aufgewachsen war.

Nachdem ich trotz einiger Schwierigkeiten meinen Vertrag unterzeichnet hatte, bekam ich endlich die Aufforderung, mich im Truppenteil einzufinden. So trat ich am 18. August 2021 meinen Dienst in Feodossija an, im 181. Luftsturmbataillon, um dann ab dem 1. Dezember im 56. Luftsturmregiment zu dienen.

01.03.2022, Nacht

Es ist schon zwei Uhr nachts und sehr kalt, richtiger Frost. Ein starker Wind kühlt einen bis auf die Knochen aus. Manche versuchen zu schlafen. Ein paar Kameraden und ich halten abwechselnd Wache, patrouillieren um die Stellungen – wenn man sich bewegt, ist's wärmer.

Manchmal sieht man Molotowcocktails einschlagen, damit die Feuer um unsere Stellungen nicht ausgehen. Es heißt, auf den Smartphones der Festgenommen seien Telegram-Chats gefunden worden, in denen sie Informationen zusammengetragen hätten, wo und wie viele russische Truppen sie gesehen hätten. Man überwacht uns also online, und der Großteil der Zivilisten macht mit. Das hebt nicht gerade die Stimmung, die auch so schon beschissen ist: Wir haben nichts zu fressen, sind ohne Schlafsäcke und Verpflegung aufgebrochen.

Ich gehe den Wall ab, an dem unsere Schützengräben sind, und beobachte die Stadt. Wieder höre ich, wie jemand ruft, er sehe jemanden im Graben. Ich sprinte den Wall hoch, der Kamerad schreit: »Hände hoch!« Ich sehe eine Silhouette und fange auch zu schreien an, das Gewehr auf den ungebetenen Gast gerichtet. Ich merke, dass ich, ohne zu zögern, schießen würde, wenn er etwas Falsches täte. Die Nerven liegen blank. Der Mensch krabbelt auf allen vieren zu uns. Wie sich herausstellt, ist es eine junge Frau. Ich packe sie am Schlafittchen und ziehe sie über den Wall auf unsere Seite. Auch sie ist viel zu dünn für die Jahreszeit angezogen.

Sie hat große Angst und rattert irgendetwas in einer Mischung aus Russisch und Ukrainisch, was ich nicht verstehe. Ich nehme sie an die Hand wie bei einem Date und führe sie in Richtung des UAZ des Kommandeurs. Ein Kamerad kommt dazu und packt sie von der anderen Seite. Wir gehen langsam, versuchen sie zu beruhigen. Sie ist hysterisch, heult, sagt, sie hätte in dem brennenden Graben ihren Mann gesucht und sich vor uns versteckt, weil sie Angst bekommen hätte. So ein Schwachsinn. Ich will, dass sie zeigt, was sie in den Taschen hat. Sie holt ein Smartphone raus und sagt etwas wie: »Nehmt alles, was ihr wollt.« Ich bitte sie, es zu entsperren. Sie tippt die PIN ein und gibt es mir.

Ich sehe die Messenger durch. Lauter Nachrichten wie: »Wo bist du?«, »Ich bin da und da«, »Hier sind überall Soldaten«, »Hier auch«, und dann folgen einige Adressen. Vieles ist auf Ukrainisch. Ich lese nicht weiter und gebe ihr das Smartphone wieder. Schon wieder fühle ich mich miserabel wegen dieser ganzen Scheiße. Wir reden weiter beruhigend auf sie ein, während wir sie zum Kommandeur bringen, und lassen sie dort.

Vom anderen Flussufer dringen Rufe wie »Slawa Ukraini! – Ruhm der Ukraine!« zu uns, auch Schüsse sind zu hören, aber wir schießen nicht zurück, die Distanz ist zu groß, die Sicht zu schlecht. Es ist sehr kalt. Ich kann vor Erschöpfung kaum noch stehen.

Eine halbe Stunde später geht die junge Frau an uns vorbei zu den Wohnhäusern. Sie sagt, man habe sie gehen lassen, sie gehe heim. Am Ende der Straße, zweihundert Meter von uns entfernt, steht eine Gruppe Männer. Sie bleiben auf Distanz. Die junge Frau schließt sich ihnen an, und sie verschwinden gemeinsam an einer Kreuzung hinter unseren Stellungen. Mir gefällt diese Idee der Befehlshaber nicht, womit ich nicht hinterm Berg halte. Klar wäre es scheiße, die Frau festzuhalten, aber es ist doch offensichtlich, dass sie nicht einfach so neben militärischen Stellungen im Schilf herumgekrochen ist, erst recht, wo da alles brennt. Da braucht man doch nur eins und eins zusammenzuzählen.

Gegen drei Uhr penne ich immer wieder einfach weg. Ich vergewissere mich, dass auch ohne mich genug Leute die Augen offen halten, und lege mich unter einen Baum neben ein Betonrohr, dahinter ist ein bisschen Windschatten. Dort liegt schon ein junger Mörserschütze. Er bibbert und klappert mit den Zähnen, sagt, ihm sei saukalt. Auch ich bin völlig durchgefroren, daher mache ich mich auf die Suche nach einem Schlafsack. Wir haben nicht genug für alle. Die meisten haben ihre bei den Stellungen am Flughafen gelassen. Ich laufe alles ab, finde aber keinen. Diejenigen, die welche haben, wollen nicht teilen. Jeder will schlafen, so lange es geht. Zwei schlafen, einer hält Wache. Manche hüllen sich in das, was sich finden lässt: Stofffetzen, Pappkartons.

Am Ende finde ich nur irgendwelche Folien. Als ich an den Wohnhäusern hinter uns herumstreife, fällt mir eins auf, das verlassen aussieht. Ich öffne die Tür im Gartenzaun, muss aber feststellen, dass das vermeintlich verlassene Haus direkt neben einem schönen, offensichtlich bewohnten steht. Vorsichtig gehe ich ins verlassene rein, dort ist nichts. Ich schaue zu dem bewohnten und kämpfe gegen den Wunsch an, einfach hineinzugehen: Wenn dort Leute sind, könnte ich um eine Decke oder irgendwas in der Art bitten. Und wenn da keiner ist, könnte ich mir einfach etwas Warmes nehmen.

Nach ein paar Minuten verabschiede ich mich von dem Gedanken. Wenn dort Menschen sind, vielleicht sogar mit Kindern, jage ich ihnen Angst ein, und wer weiß, wie die reagieren. Vor ihrer Haustür ist auch so schon sonst was los, das wünscht man niemandem.

Leise ziehe ich das Gartentor hinter mir zu, nehme meine Folien und trotte zurück zu dem Betonrohr, hinter dem mein bibbernder Kamerad zu schlafen versucht. Ich fühle mich erbärmlich. Wie die Tiere versuchen wir einfach zu überleben. Wir brauchen keinen Feind, unsere eigenen Befehlshaber haben uns in solche Umstände gebracht, dass sogar Penner besser leben. Ich höre immer wieder, dass einige die Kälte satt haben und bereit sind, gleich vom nächstbesten Haus die Scheiben einzuschlagen und reinzugehen. Aber gemacht hat es keiner.

Ich breite eine Folie auf dem Boden aus, wir legen uns zusammen darauf und decken uns mit der zweiten zu. Sie wärmt nicht, schützt aber wenigstens ein bisschen vor dem Wind. Nach einer halben Stunde im Dämmerzustand stehen wir wieder auf, noch durchgefrorener als vorher. Wir laufen im Kreis, um uns aufzuwärmen. Schlafen kann man bei dieser Kälte nicht.

So geht es allen, die keine Schlafsäcke mitgenommen haben. Noch am Abend hat die Führung verboten Lagerfeuer anzuzünden und befohlen, die Motoren der Wagen auszumachen, deswegen ist es darin nicht viel wärmer. Außerdem reichen dreißig UAZ sowieso nicht für hundertfünfzig bis zweihundert Männer. Dabei ist der Befehl sinnlos. Mittlerweile weiß jeder in der Stadt, wo und wie viele wir sind. Vor unseren Stellungen brennen Feuer und leuchten uns komplett aus.

Gegen vier Uhr sehe ich, dass im UAZ des Kommandeurs der Motor läuft, in dem funktioniert die Heizung. Die anderen UAZ mit funktionierender Heizung folgen seinem Beispiel. Allen ist längst alles schnurz – die Kälte und die Müdigkeit wiegen schwerer als die Vorsicht. Ich sammle etwas Holz und mache ein Feuer unter dem Baum mit dem Betonrohr. Ein Offizier erklärt mir, das sei verboten, aber ich scheiße auf solche Befehlshaber. Was für ein Schwachsinn! Um uns brennt sowieso alles. Nach und nach werden es immer mehr Lagerfeuer. Am Ende macht dieser Offizier selbst eins.

So begrüßen wir den neuen Tag.

Ich kam recht zuversichtlich in Feodossija an, wurde aber von allem, was ich dort traf, schnell eines Besseren belehrt.

Sobald ich den Kontrollpunkt vor meinem Truppenteil passiert hatte, an dem ich meine Unterlagen samt Zeitvertrag vorlegen musste, eröffnete sich mir der Blick auf mein prächtiges neues Heim. Direkt hinter dem Kontrollpunkt erstreckte sich ein betonierter Platz mit lauter Löchern im Boden, daran angrenzend baufällige zweistöckige Kasernen, eine uralte Kantine und ein kleiner Trainingsplatz für Fallschirmjäger. Auf dem Weg zur Personalabteilung passierte ich zwei kopulierende Straßenhunde. Die Kantinenfrauen fütterten sie, weswegen schon ein ganzes Rudel dort herumstreunte. Ich reichte meine Unterlagen ein und erfuhr, dass die Führung gerade nicht da sei, aber ich könne ja schon mal anfangen zu dienen. Meine Kompanie befand sich im ersten Stock. Ich ging hoch und lernte ein paar andere Zeitsoldaten kennen. Man erzählte mir, dass die Zeitsoldaten nicht in der Kaserne wohnen dürften, weil die Kompanie zur Hälfte aus Wehrdienstleistenden bestand. Außerdem seien sowieso keine Betten frei, im Wohnheim auch nicht (aber das Wohnheim war eh ein Loch, man hatte mich vorgewarnt, und später überzeugte ich mich auch selbst davon). Man riet mir, in der Kaserne der benachbarten Kompanie nachzufragen.

Ich ging also rüber und erklärte dem Kommandeur mein Problem. Er sagte mir, es gebe auf diesem Stockwerk ein Zimmer der Mörsereinheit, die Jungs seien gerade auf dem Truppenübungsplatz. Außerdem hätten die Aufklärer des 56. gerade ihr Gerät hierherverlegt (es wurde gerade neu formiert). Ich ging zu ihnen und stellte mich vor. Es waren nette Jungs, viele aus meiner Gegend. Sie hatten noch ein Bett frei. Toll, dachte ich, fürs Erste komme ich dort unter, und später findet sich bestimmt etwas. Hinter dem Zaun sah man ja bereits die Baustelle der neuen Kasernen. Ein Jahr später sollten die immer noch nicht fertig sein, aber ich greife vor.

Im Gespräch fragten mich die Jungs immer wieder, weshalb ich einen Vertrag unterschrieben hätte. Ich erzählte was von Absicherung und Hypothek, aber sie zeigten mir nur den Vogel. Na gut, dachte ich, jeder, wie er meint.

Knapp zehn Tage irrte ich anschließend herum und versuchte eine Uniform zu kriegen. Ich hatte noch 15 000 Rubel in der Tasche, das Kantinenessen war schlecht und reichte zudem nicht immer für alle. Mal gab es eine dünne Suppe mit Kartoffeln, die nicht durch waren, mal nicht genug Brot. Ich lernte einige Männer kennen, die wie ich als Zeitsoldaten hierhergekommen und nun sich selbst überlassen waren. Auch mit den Duschen gab es Probleme, viele waren kaputt, Wasser gab es auch nicht immer, weswegen die Toiletten oft einfach abgeschlossen waren. Nach zehn Tagen bekam ich eine Uniform, aber nur die sandgelbe und die grüne, also die Sommerausstattung. Kampfstiefel gab es nur in der falschen

Größe. Um endlich meinen Dienst beginnen zu können, anstatt sinnlos herumzustreunen, ging ich los und kaufte mir selbst welche.

Endlich konnte ich beim Morgenappell antreten und freute mich, dass es nun interessant würde. Aber zu früh gefreut, ich war fassungslos von dem, was ich zu sehen bekam: Auf dem Platz wehten zwei zerfledderte Flaggen, eine russische und die der Luftlandetruppen, aus einer Box plärrte die Hymne, die Hälfte der Soldaten sang nicht mit. Ich hatte in der 46. selbstständigen Brigade in Tschetschenien gedient, davor fünfzehn Jahre im 56. Luftsturmregiment gelebt, war ständig mit meinem Vater auf dem Truppenübungsplatz gewesen, aber so etwas hatte ich noch nie gesehen: Das waren keine Soldaten, sondern ein müder Haufen in Uniform.

Nach der Vergatterung, zu der endlich der Kompaniechef erschien, befahl dieser uns, einen Container zu entladen. Da drin waren irgendwelche Ersatzteile und anderer Kram. Bald sollte es eine Kontrolle geben, deswegen musste alles abgezählt werden. Also holte er sich dafür zehn Leute, fünf davon waren neu wie ich, aber er machte sich nicht mal die Mühe, uns kennenzulernen. Etwa zehn Stunden räumten wir diesen Müll hin und her. Ich weiß noch, dass ich mich bei manchen Sachen ekelte, sie anzufassen. Ich dachte noch: Na gut, ist sicher eine Ausnahme. Bei meinem Wehrdienst hatten wir jeden Tag von morgens bis mittags Unterricht gehabt: Theorie, Taktik und ein Training. So viele Jahre und Reformen später musste es doch besser sein.

Ein paar Tage später, über die es gar nichts zu berichten gibt, kam der Kompaniechef um 18 Uhr doch noch zu einem demonstrativen Kennenlernen zu uns. Das lag daran, dass ich mich an dem Tag über seine Gleichgültigkeit beschwert hatte. Einer seiner Gehilfen musste ihm gesagt haben, dass seine neuen Zeitsoldaten mit ihm unzufrieden waren. Beim Appell stellte er sich vor und ging durch die Reihen: Jeder nannte seinen Rang, Nachnamen, Familienstand und die Heimatstadt. Als ich dran war, sagte ich, ich sei aus Kamyschin, er musterte mich und fragte: »Und was, zum Teufel, willst du hier?«

Ich dachte, es sei besser, sich nicht mit ihm anzulegen, und antwortete nur mit irgendeinem Scherz. Der Kompaniechef war genauso alt wie ich, 33, aber er sah wesentlich älter aus. Er hatte listige Augen und Übergewicht.

Eine weitere Woche lang passierte gar nichts. Nur einmal musste ich auf einem Parkplatz, wo die UAZ unserer Kompanie standen, Unkraut jäten. Ich tat es, ohne zu murren.

Dann endlich führte ein junger stellvertretender Politoffizier auf Eigeninitiative eine Unterrichtseinheit zu Taktik durch, obwohl die Führung versucht hatte, uns schon wieder zu sinnloser Arbeit einzuteilen. Ganz nach dem Motto: »Hauptsache, die sehen beschäftigt aus.«

Am nächsten Tag fuhren wir zu einer Schießübung. Wir standen um fünf Uhr auf, traten zum Appell an und warteten dann drei Stunden auf die Lastwagen, bis wir endlich losfuhren. Um zwölf Uhr kamen wir an, traten zum Appell an, warteten. Der Leitung auf dem Truppenübungsplatz passte es nicht, wie irgendein Wisch ausgefüllt war. Der Major zerriss den Zettel und schleuderte ihn dem Politoffizier vor aller Augen ins Gesicht. Hysterisch kreischte er, es werde heute keine Schießübung geben. Die ganze Kompanie stand beschämt da und sah zu, wie einem jungen Oberleutnant jegliche Initiative und der Wunsch, etwas Gutes in der Armee zu bewirken, ausgetrieben wurden.

Schließlich gab es eine Stunde später doch noch eine Schießübung. Es war 15 Uhr, es herrschte eine brutale Hitze von gut fünfzig Grad und es gab kein Wasser. Geplant war, dass wir dort bis Mittag blieben, aber daraus wurde dann der ganze Tag, und anschließend gab es noch Schießübungen bei Nacht. Um ein Uhr nachts fuhren wir zurück, dehydriert und hungrig. Wir hatten eine EPa für vier Personen. Erzählen Sie mir bitte nichts von »Was uns nicht umbringt, macht uns stärker«. Schlafmangel, Hunger und Durst haben keine positive Wirkung auf die Gesundheit, bei niemandem. Das alles schadet nur, und das bei Menschen, die man vertraglich dazu verpflichtet, auf ihre Gesundheit zu achten, weil davon die Verteidigungsfähigkeit des Landes abhängt. Das ist keine Abhärtung, das ist die reinste Sabotage der eigenen Armee.

Die Zeitsoldaten verweigerten oft einfach den Gehorsam, wenn ihnen befohlen wurde, Putzarbeiten zu übernehmen, Rasen zu mähen oder Kram von A nach B zu tragen, weswegen man die Wehrdienstleistenden dazu zwang. Darum sahen die auch so heruntergekommen aus; hinzu kam, dass sie getragene und teilweise sogar löchrige Uniformen bekamen. Das hatte nichts mit dem 56. Luftsturmregiment von 1993 bis 2003 zu tun.

Mitte September fand ich ein Hotelzimmer für 12 000 Rubel im Monat. Die Urlaubssaison war vorbei, nur deswegen konnte ich etwas mieten. Ab Mai würden die Preise wieder um das Dreifache steigen.

Die Fallschirmjägervorbereitung begann, damit wir zu den ersten Sprüngen zugelassen werden konnten. Wir trainierten drei Wochen, wurden zugelassen und warteten auf die Sprünge. Diese wurden uns den ganzen Oktober versprochen – und fanden nicht statt.

Wir wurden gezwungen, Zweifachimpfungen gegen Covid zu machen, weil es im Bataillon massenhaft zu Ansteckungen gekommen war. Ich entschied, eine zu machen, um keinen Konflikt mit der Führung zu provozieren. Eigentlich hatte ich Covid bereits symptomfrei überstanden. Nach der Impfung lag ich drei Tage mit Fieber flach. Danach entschied ich, die zweite nicht zu machen. Übrigens waren die Covid-Tests einen Monat später auf wundersame Weise bei allen negativ, obwohl sich viele nicht hatten impfen lassen.

Mitte Oktober wurden uns Herbst- und Winteruniformen ausgehändigt, aber nur getragene und dazu in falscher Größe. Ich weigerte mich, eine getragene Uniform zu nehmen, die mir nicht passte. Das schadete meinem Verhältnis zur Führung – Rebellen mögen sie dort nicht. Nach einem Streit mit dem Kompaniechef ging ich los und kaufte mir eine Jacke. Er zahlte es mir heim, indem er mich alle zwei Tage zu Arbeitseinsätzen verdonnerte.

01.03.2022, Morgen

Gegen fünf Uhr sind alle wach. Der Bataillonskommandeur versammelt die 4. und 5. Kompanie. Fast vollzählig brechen sie zu Fuß in die Stadt auf. Die Mörsereinheit bleibt an den Stellungen und soll Deckung geben. Einige Züge und Fahrer bleiben auch.

Eine Stunde später kommen die 4. und 5. wieder. Sie erzählen, am anderen Ufer seien Schützengräben ausgehoben und Flaschen mit Brennstoffen bereitgelegt gewesen. Man hat uns in der Nacht erwartet. Wären wir mit der Kolonne reingegangen, wäre uns heiß und nicht kalt gewesen.

Ich finde einen UAZ mit funktionierender Heizung und klettere hinein. Dort sitzen schon zwei Männer. Während ich mich aufzuwärmen versuche, rede ich mit dem Fahrer. Dabei merke ich, dass mir die Beine wehtun. Ich kremple die Hosenbeine hoch und sehe, dass die Schienbeine und Knie voller Schwellungen und blauer Flecken sind – die Folgen meines Sturzes mit dem jungen Brandstifter am Wall. Danke für die Knieschoner, liebe Heimat!

Ich reibe mir die Beine, murmele schwermütig: Jetzt ein Bier! Erschöpfung, Hunger, Durst und Schlafmangel machen einem schnell klar, wie wenig wir den Alltag zu schätzen wissen. Ich stelle mir vor, wie es wäre, eine Flasche Bier zu trinken, und schwärme dem Fahrer ausgiebig davon vor.

Mit ernstem Blick hört er aufmerksam zu. Nach einer Minute klappt er den Rücksitz hoch und holt zwei Bierdosen heraus. Er hält mir eine hin und sagt, das seien die letzten, aber als er mich so reden gehört hat, hätte er beschlossen, mit mir zu teilen – wer weiß, was noch kommt. Ich kann mein Glück kaum fassen. Langsam trinke ich die Dose aus. Unbeschreiblich, wie geil es schmeckt. Alles scheint mir gleich ein bisschen besser: Die Erschöpfung lässt etwas nach, die Muskeln entspannen sich. So ein gutes Bier habe ich noch nie getrunken.

Die 4. und 5. Kompanie erhalten den Befehl, erneut anzutreten. Sie gehen wieder in die Stadt, ohne sich erholt zu haben. Wir bleiben mit ein paar Zügen bei den Mörsern. Wieder kommt mir der Gedanke, dass mir diese Mörser mit ihrer Reichweite von drei Kilometern einen Scheiß nutzen. Viel lieber wäre ich mit den Jungs mitgegangen.

Die Stadt wirkt grau und trostlos, zum Frost kommt jetzt noch Schneeregen. Es fallen Schüsse, dort, wo unsere Männer hingegangen sind. Die Schüsse häufen sich, Explosionen von Granatwerfern kommen hinzu. Per Funk wird die Führung über einen Zusammenstoß informiert. Einige Tigr fahren auf die Straße und eröffnen das Feuer auf die Hochhausdächer: Da sollen Scharfschützen sein. Das Gefecht wird immer intensiver, einige unsere Männer sind angeblich verwundet. Alle sind angespannt, viele sehr nervös.

Ich fühle mich unwohl, weil vorne die Schlacht tobt und ich hier hinten bin. Ich habe nicht den Wunsch, möglichst viele »Nazis« umzubringen, aber ein mulmiges Gefühl, nicht dabei zu sein. Denn bei so einem heftigen Beschuss und so vielen Explosionen in der Stadt ist klar, dass unsere Männer am Arsch sind. Auch aus anderen Richtungen ertönen Schüsse. Wir fallen offenbar auch in andere Teile der Stadt ein.

Über Funk kommt die Information, dass gleich zwei Tigr der Spezialeinheit mit Verwundeten herauskommen – als Vorwarnung, damit wir sie nicht abschießen. Sie rasen an uns vorbei zum Flughafen.

Man sucht Freiwillige für die Besatzung eines UAZ, um zwei weitere Verwundete herauszuholen und zum Flughafen zu bringen, einen Fahrer und einen Maschinengewehrschützen. Ein Fahrer findet sich, ich melde mich fürs Maschinengewehr, obwohl ich noch nie im Leben damit geschossen habe. Ich zittere wegen der Kälte und des Adrenalins, deswegen will ich etwas tun, nicht abseits stehen.

Eine halbe Stunde später wird die Sache abgeblasen, jemand anders hat die zwei Verwundeten schon herausgeholt. Es heißt, mehr Verwundete hätten wir nicht. Bei der Intensität des Beschusses und der Dauer des Gefechts fällt es mir schwer, das zu glauben. Ein paarmal kriegen wir Koordinaten für die Mörser und den Befehl, sie einsatzbereit zu machen, aber dann wird doch nichts draus.

Die Späher bemerken Bewegung in dem Schilf am Flüsschen – sie vermuten dort eine Frau. Der Chef der Mörsereinheit und ich rennen dorthin, bereit das Feuer zu eröffnen. Im Schilf finden wir tatsächlich eine Frau um die fünfzig. Wir durchsuchen ihre Tasche, stellen ihre Identität fest und bringen sie durch unsere Stellungen zum Wohngebiet. Sie arbeitet im Wasserwerk. Als der Beschuss losging, ist sie weggelaufen und wollte zu ihrem Haus, das hinter uns liegt.

Die Stadt ist grau, Schießpulvergeruch hängt in der Luft, Schüsse fallen, Explosionen donnern, etwas brennt, Rauchschwaden steigen in den Himmel. Zivilisten sind kaum noch zu sehen. Die Stadt wirkt wie ausgestorben. Schneeregen und Wind machen das Gesamtbild noch düsterer.

Am Nachmittag werden die Schüsse seltener. Es kommt das Kommando, sich zur Abfahrt in die Stadt fertig zu machen.

Gegen 17 Uhr ist die Kolonne startklar. Neben uns steht der UAZ »Patriot« des Bataillonskommandeurs, drin sitzt nur der Fahrer. Der UAZ, in den ich gestiegen bin, ist proppenvoll, die Heizung funktioniert nicht. Der Fahrer nebenan winkt uns zu sich herüber. Ohne zu zögern, springe ich aus meinem fahrenden UAZ und steige in den »Patriot«.

Langsam wird mir warm. Der Fahrer freut sich, dass er wenigstens einen hat, der ihn notfalls deckt.

Ich zünde mir eine Zigarette an und beobachte, den Gewehrlauf aus dem Fenster, die Umgebung. Zerstörte Wagen und Geschäfte. Die Stadt hat wirklich Pech gehabt, wenn man das so sagen kann.

Die Kolonne stoppt manchmal. Bei einem solchen Halt sehe ich einen Mann und eine Frau vor einem Haus. Sie sind ganz nah und beobachten uns. Ich frage den Mann, ob er hier ukrainische Streitkräfte gesehen habe. Er lächelt merkwürdig und schüttelt den Kopf, dann fügt er hinzu, mir sage er gar nichts, und geht ins Haus.

Eine halbe Stunde später treffen wir am Hafen von Cherson ein. Es ist schon dunkel. Die Vorhut hat die Hafengegend bereits eingenommen. Sie richten sich gerade ein, suchen Schlafplätze und Möglichkeiten sich zu waschen. Auf dem Gelände gibt es Kontrollpunkte, ein Verwaltungsgebäude und ein großes Gebäude, das wie ein Wohnheim mit Lagerräumen aussieht. Dort gibt es Umkleiden und Duschen. Schiffe liegen vor Anker.

Weitere Einheiten treffen am Hafen ein: ein Regiment der Luftlandetruppen und eine Spezialeinheit (ehemals Hauptverwaltung für Aufklärung) aus Stawropol. Ich sehe mir die Gegend an. Gemälde von der Plünderung Roms fallen mir ein. Genau so sieht das aus, was gerade am Hafen vor sich geht. Alle sind ausgemergelt und verwildert. Sie ziehen durch die Häuser auf der Suche nach Lebensmitteln, Getränken, Duschen und einem Schlafplatz. Manche greifen sich Computer und andere Wertgegenstände. Ich bin keine Ausnahme, nehme mir eine Mütze aus einem aufgebrochenen Container – meine Sturmhaube ist zu dünn, mir ist schrecklich kalt. Aber das Plündern von Bürotechnik ist mir trotz Not und Chaos zuwider.

Ich streife durch ein Gebäude, komme in einen Raum mit lauter Fernsehern. Dort sind schon einige Leute, die Nachrichten schauen. Sie haben in dem Raum auch Sekt gefunden. Ich nehme ein paar Schluck direkt aus der Flasche und setze mich dazu. Es läuft ein ukrainischer Sender. Ich verstehe nur, dass russische Truppen aus allen Richtungen angreifen. Odessa, Charkow, Kiew werden belagert. Bilder von zerstörten Häusern und verwundeten Frauen und Kindern. Mir tun die Toten und Verwundeten leid, erst recht die Zivilisten, aber die Nachrichten stimmen mich auch zuversichtlich: Wenn unsere Männer schnell Kiew, Odessa und Charkow einnehmen, ist diese ganze Scheiße bald vorbei.

Ich gehe wieder nach draußen, sehe dort den Bataillonskommandeur mit ein paar Offizieren. Ich begrüße ihn vorschriftsgemäß, er schüttelt mir die Hand, und ich schnorre eine Zigarette. Eine rote Marlboro rauchend, frage ich ihn aus. Er sagt mir nur, alles sei gut und bald vorbei.

Mit dieser Stimmung und der Hoffnung im Herzen, dass bald wirklich alles vorbei ist, gehe ich wieder in die Büros, wo sich die Mörserschützen eingerichtet haben, ich will mir einen Schlafplatz suchen.

Neben den Büros ist eine Kantine mit einer Küche und Kühlschränken. Wie die Wilden machen wir alles leer, was wir finden können: Cornflakes, Haferflocken, Marmelade, Honig, Kaffee.

Wir stellen alles auf den Kopf. Uns ist alles egal, wir sind schon völlig fertig. Die meisten haben einen Monat im Feld verbracht, ohne irgendwelchen Komfort, eine Dusche und normales Essen. Und danach hat man sie, ohne eine Erholungspause, direkt in den Krieg geschickt.

Jeder versucht sich einen guten Schlafplatz zu sichern, es tobt ein Kampf um die Reihenfolge beim Duschen. Es widert mich an, das alles mitanzusehen, und gleichzeitig begreife ich, dass ich dazugehöre. Wie sehr müssen Befehlshaber auf ihre Soldaten scheißen, auf die Menschen, die Schweiß und Blut vergießen, Gesundheit und Leben opfern, um ihre völlig undurchsichtigen Vorhaben umzusetzen? Wie weit kann man Menschen treiben, wenn man sie nicht schlafen, essen und duschen lässt?

Auch wenn es mir sonst an Dreistigkeit nicht mangelt, beschließe ich, mich nicht um die Dusche zu streiten. Ich denke, wir werden die Stadt eine Weile halten, ich komme schon noch zum Duschen. Es ist Mitternacht. Ich nehme die Schutzweste ab (zum ersten Mal seit einer Woche), ziehe mich bis auf die Thermounterwäsche aus, lege alles inklusive Waffe auf einen großen Tisch und strecke mich daneben aus. Mich überkommt reine Glücksseligkeit. Der schmerzende Körper hat lange genug nach Erholung verlangt.

Es ist ein schönes Büro, ein sehr schönes sogar. Als ich so ausgestreckt auf dem Tisch liege, den Kopf auf meiner Waffe, die Uniform als Decke, erinnere ich mich daran, dass ich auch einmal in solchen Büros gearbeitet habe. Damals war ich ein anderer Mensch. Es kommt mir vor, als wäre es ein anderes Leben gewesen. Jetzt liege ich wie ein Wilder auf dem Tisch in einem Büro, das unsere Leute auf den Kopf gestellt haben, und fühle mich wie in einem Fünfsternehotel, wäre da nicht der Lärm von Schüssen irgendwo in der Ferne.

Anfang November bekamen alle einen Zwangsurlaub, denn der Präsident hatte »freie Tage« angeordnet. Obwohl meine Probezeit noch nicht um war und mir kein Urlaub zustand. Ich hatte also fünfzehn Tage frei, aber ich blieb vor Ort: In den nächsten Tagen sollten die Fallschirmsprünge stattfinden, und ich wollte mein Programm absolvieren, die Sportprüfung war immer noch nicht abgenommen worden. Mein Gehalt betrug 27 000 Rubel, dafür etwas zur Untermiete zu finden, ist nahezu unmöglich. Wenn ich die fünf vorgeschriebenen Sprünge nicht bald absolvieren würde, bliebe mein Gehalt das ganze nächste Jahr gleich. Auf der Krim und ohne eine Bleibe war das gar nichts. Ich musste also die Sportprüfung ablegen und die fünf Sprünge absolvieren.

Eine Woche später hieß es, die Sprünge fänden definitiv statt. Ich stellte einen Antrag, dass ich den Urlaub abbrechen wollte. Ein paar Tage tat sich gar nichts. Wir packten Fallschirme. Wie sich herausstellte, wusste die Hälfte nicht, wie man das macht. Wir übten es am Tag vor dem Absprung vom Morgen bis 21 Uhr.

Um zwei Uhr fuhren wir los zur Praxis.

Wir kamen um vier Uhr auf dem Platz an. Es herrschten Minusgrade. Wir waren in einem offenen LKW gefahren, deswegen waren wir bei der Ankunft alle starr vor Kälte. Bis neun Uhr hüpften wir auf der Stelle, um uns aufzuwärmen. Dann kamen die Hubschrauber, endlich ging es ans Springen. Gegen elf Uhr waren wir fertig. Meine Gruppe wurde aus Versehen über einem Friedhof abgeworfen. Ein Glück, dass gutes Wetter war und niemand auf einem Kreuz oder Grab landete.

Wir fuhren zurück. Beim Springen war der Reißverschluss meiner Jacke kaputtgegangen, weswegen ich mich mit dem Kompaniechef stritt. Er verlangte, dass ich meine Jacke zumachte, was ich nicht tun konnte. Seit meiner Weigerung, eine getragene Uniform zu nehmen, hatten wir zwei ein besonderes Verhältnis.

Am nächsten Tag, es war Samstag, wachte ich mit Fieber auf. Ich hatte mich erkältet. Ich ging los und kaufte mir eine Herbst- und eine Winteruniform. Wie eine Vogelscheuche in einer getragenen der falschen Größe rumzulaufen, kam nicht infrage.

Sonntag immer noch Fieber.

Am Montag ging ich zum Dienst, stritt mich mit dem Kompaniechef, weil er mich nicht ins Militärkrankenhaus lassen wollte. Schließlich durfte ich ins Krankenhaus, auf dem Röntgenbild war eine beidseitige Lungenentzündung zu sehen. Also »behandelte« man mich dort.

Nach der Entlassung erfuhr ich, dass in der Zwischenzeit die Sportprüfungen stattgefunden hatten. Ich war durchgefallen, weil mein Kompaniechef mich nicht entschuldigt, sondern meinen Krankenhausaufenthalt verheimlicht hatte. Damit konnte ich meine Gehaltserhöhung fürs nächste Jahr vergessen. Ich ging zum Chef des Truppenteils. Schnell wurde mir klar, dass es unmöglich war, Gerechtigkeit zu erlangen. Ich war den Saustall leid und schrieb eine Beschwerde an das Verteidigungsministerium.

Beim Schreiben ließ ich allen Frust raus, der sich die letzten

Monate über angesammelt hatte. Noch hatte ich Hoffnung, dass in unserer Armee nicht alles verloren war, obwohl mir die meisten Kameraden sagten, dass das nichts nützen und mir nur Probleme einbringen würde. Das Verteidigungsministerium schickte eine Antwort: Sie wünschten mir gute Fallschirmjägergesundheit und rieten mir, auf meine Disziplin zu achten. Damit war mir die Lust, in diesem Irrenhaus zu dienen, endgültig vergangen.

Meine ursprüngliche Hoffnung war gewesen, dass ich ab dem ersten Dezember in »mein« 56. kommen und Ordnung einkehren würde. Aber leider änderte sich gar nichts. Außer dass die unbeholfenen Versuche, die Daumenschrauben anzuziehen zunahmen. Das 56. konnte ich vergessen. Die Menschen, die es aufgebaut hatten, hatten fast alle längst gekündigt.

Am ersten Dezember wurden wir offiziell Truppenteil 74506 des 56. Luftsturmregiments, bestehend aus zwei Bataillonen, die auf Biegen und Brechen formiert worden waren. Zur Regimentsgründung kam der stellvertretende Kommandeur der Luftwaffe mit einem riesigen Gefolge, weswegen wir von 8 bis 15 Uhr stupide beim Appell standen. Schon wieder vergeudeten wir einen Tag, anstatt etwas zu lernen. Niemand kontrollierte irgendetwas. Der General ließ sich nicht einmal dazu herab, zu uns zu kommen. Wir standen einfach nur blöd da. Sie überprüften das Gerät am Parkplatz: UAZ, KAMAZ, BMD-2, 2S9. Uraltes Zeug, vieles davon schrottreif, aber in den Berichten war sicher alles gut.

Das war zwei Monate vor der »Spezialoperation« gewesen. Als ich beim Appell stand, dachte ich noch, er würde gleich vorbeikommen und Fragen stellen – ob es Beschwerden oder

Vorschläge gebe. Dann würde ich ihm ohne Umschweife von den Problemen erzählen. Aber nein, der General kam nicht zu den Zeitsoldaten. Auch an den Wehrdienstleistenden in ihren abgetragenen, schlecht sitzenden Uniformen ging er gleichgültig vorbei. In meiner Kindheit im 56. sahen Wehrdienstleistende nicht so aus. Und das nach zwanzig Jahren der Reformen …

Am Samstag, dem 4. Dezember, packten wir Fallschirme. Wie ich hatten viele noch keinen Sprungplan. Ich gab die Hoffnung nicht auf, die nötigen Sprünge doch noch ausführen zu können, um so mein Gehalt wenigstens ein bisschen zu erhöhen. Vom Morgen bis zum Mittag hatten wir je einen Schirm verpackt – lächerlich.

Die Offiziere halfen uns nicht, mit Ausnahme von denen der Luftwaffe. Der Regimentskommandeur, den ich vor allen darauf hinwies, spottete nur: »Ihr seid Profis, ihr müsst das können.«

Vor dem Mittagessen, als mein Kamerad und ich gerade den Reserveschirm packten, kam der Kompaniechef und sagte angespannt: »Unteroffizier Filatjew, Anzugsordnung Nummer fünf, wir wurden zum Regimentskommandeur bestellt.« Sie hatten also wegen meiner Beschwerde an das Verteidigungsministerium eins auf den Deckel bekommen. Unterwegs versuchte er mir noch eins reinzuwürgen, was ich mir denn rausnehme mit meinen Beschwerden und dass ich kein Kreuz um den Hals tragen dürfe – viel mehr fiel ihm nicht ein. Ich erwiderte, ich hätte alle gewarnt, dass ich das nicht auf mir sitzen lassen würde. Nach dem Konflikt wegen des Krankenhauses war mir der Kompaniechef egal – ich war bereit, für die Gerechtigkeit bis ans Ende zu gehen.

Eigentlich wollte ich ihn nicht persönlich beleidigen, aber er war ein Sinnbild der Probleme in unserer Armee: ein Kommandeur, der auf seinen Personalbestand schiss, ein dicklicher Mann in schlechter physischer Verfassung, dem Diebstahl vorgeworfen wurde, was aber vor Gericht nicht nachgewiesen werden konnte. Im 56. war er gescheitert, also war er nach Feodossija abgehauen. Aber wie das Schicksal es so wollte, wurde das 56. ein paar Jahre später nach Feodossija verlegt, und er genierte sich nicht, vor seiner Einheit ständig darüber zu jammern.

Wir kamen ins Büro des Regimentskommandeurs, der wollte mir erst eintrichtern, es sei nicht gut, dass ich mich beschwere. Da erklärte ich ihm die Sachlage und betonte, dass die Beschwerde an die ehemalige Führung gerichtet gewesen war. Daraufhin faltete der Regimentskommandeur den Kompaniechef zusammen, die Details lasse ich hier mal weg. Ich konnte gehen.

Sobald ich den Truppenteil verlassen hatte, gingen die Anrufe los. Der stellvertretende Divisionskommandeur, der für den Personalbestand zuständig war, rief mich an und verlangte, dass ich eine Erklärung zu meiner Beschwerde verfasse. Man ließ mich mit allen Mitteln wissen, dass ich in Ungnade gefallen war. Vor meiner Beschwerde ans Verteidigungsministerium hatte ich keine Ermahnungen, danach schnell drei.

Unter vier Augen waren viele Offiziere auf meiner Seite, sagten, ich hätte natürlich recht, aber Beschwerden brächten nichts. Außerdem erreichte mich die Information, dass die Führung Unterlagen für einen Prozess wegen übler Nachrede gegen mich vorbereitete. Aber Gerüchten zufolge schob der Divisionskommandeur dem einen Riegel vor.

Wie ich schon sagte, war mir die Lust zu dienen vollkommen vergangen. Nachdem ich das alles gesehen hatte, wusste ich, dass es um unsere Kampffähigkeit, milde ausgedrückt, nicht allzu gut bestellt war. Wir machten nur Schwachsinn, verrichteten sinnlose Arbeiten oder taten so, als würden wir arbeiten (aber auch das nur selten).

Am 15. Januar entschied ich mich zu kündigen. Ich verlangte eine medizinische Untersuchung und ließ mich ins Militärkrankenhaus aufnehmen. Das Verhältnis der Kommandeure zu mir ließ längst zu wünschen übrig, aber es kümmerte mich nicht. Bei der Armee schätzen sie deine Fähigkeit, nicht aufzufallen, nicht auf die eigenen Rechte zu pochen und keine Kritik zu äußern. Wenn es dir nicht passt, dass deine Rechte mit Füßen getreten werden, dann unternimmt die Führung alles, um dir das Leben schwer zu machen. Das Merkwürdige war, dass die meisten Kameraden mir sagten, dass es gut war, dass ich ans Verteidigungsministerium geschrieben hatte. Der Großteil wünschte sich Ordnung und wollte eine militärische Ausbildung statt sinnloser Beschäftigungstherapie. Aber wegen Beispielen wie meinen, bei denen die Versuche, etwas zu verändern, nur Probleme brachten, war ihnen der Preis, dafür zu kämpfen, zu hoch.

Wie ich bald erfuhr, ist es schwerer, bei der Armee zu kündigen als in die Armee hineinzukommen.

02.03.2022

Um fünf Uhr morgens werde ich geweckt: Ein Kamerad und ich sollen die Wache übernehmen, wir sind für das Tor am Kontrollpunkt zuständig. Nach und nach kommen alle in Gang. Das Regiment der Luftlandetruppen aus Stawropol fährt weg. Als sie wiederkommen, kann ich sie nicht durchlassen, weil der Kommandeur das Codewort nicht weiß. Die Codewörter sind nicht abgestimmt, was für ein Irrsinn! Am Ende scheiß ich drauf und lasse sie durch. Sie müssen sowieso nur ein paar MTW am Tor beladen.

Bei Sonnenaufgang verschwinden die Kollegen aus Stawropol wieder ins Ungewisse. Unsere Männer fangen auch allmählich an zu packen. Das überrascht mich, ich war mir sicher, dass es unser Auftrag sein würde, die Stadt zu halten. Meine Hoffnung, hier bleiben zu können und zu duschen, löst sich in Luft auf. Ich verlasse den Posten, um mir wenigstens das Gesicht zu waschen und die Zähne zu putzen. Beim Gang durch die Büros sehe ich, wie sehr wir alles verwüstet haben. Aus Neugier nehme ich den Hinterausgang, dort sind die Jungs gerade an einem Getränkeautomaten zugange. Sie versuchen ihn aufzubrechen und ukrainisches Geld herauszuholen – keine Ahnung, was sie damit wollen.

Gegen elf Uhr fahren die Kompanien in die Stadt, angeblich, um die Verhandlungen mit der Stadtverwaltung zu überwachen. Die Mörserschützen und die Sondereinheit aus Stawropol bleiben am Hafen, zur Sicherung und, falls nötig, zur Unterstützung. In der Stadt sind noch Partisanen, irgendwo haben sich Scharfschützen verschanzt.

Wir beziehen Stellung an den Fenstern, beobachten und halten die Mörser einsatzbereit. Ich bin im Büro des Chefs: großes Zimmer, Ledermöbel, riesiger Schreibtisch. Der Safe ist schon aufgebrochen. Eine gute Bibliothek, die meisten Bücher sind auf Russisch.

Ein junger Kamerad gesellt sich zu mir. Er hat irgendwo

eine Flasche Cognac und eine Tafel Schokolade aufgetrieben. Zu seiner Einladung, einen zu trinken, sage ich nicht nein. Er ist von der Spezialeinheit aus Stawropol. Wir trinken und unterhalten uns. Es ist schön zu merken, dass er nicht dumm ist, ihm ist diese ganze Scheiße auch nicht geheuer. Er sagt, das werde so bald nicht aufhören, er wisse, wie die ukrainischen Streitkräfte bei Donezk aufgestellt seien, und glaube nicht, dass unsere Männer da schnell durchbrechen werden.

Er fragt mich, warum ich eine grüne Herbstuniform trage. Ich erzähle, dass ich sogar die selbst kaufen musste, weil ich eine haben wollte, und zwar in meiner Größe. Er schenkt mir einen Ratnik-Tarnmantel und Turnschuhe. Er habe noch welche, bei ihnen sei die Ausstattung besser, sagt er. Die Sachen sind nicht neu, aber gewaschen. Ich kann gar nicht sagen, wie sehr ich mich in dem Moment freue. Überhaupt verblüfft mich die Bereitschaft unter einfachen Soldaten, einander zu helfen und sich im Krieg zu solidarisieren. Dort sind wir Brüder, in Friedenszeiten ist das schnell vergessen. Aber im selben Ausmaß, wie einfache Soldaten sich solidarisieren, schert sich die Führung einen Dreck um uns.

Am Nachmittag kommen einige UAZ, wir quetschen uns hinein wie die Sardinen und fahren samt Mörsern ins Stadtzentrum, wo schon der Rest unserer Männer wartet. Außer uns ist da noch eine weitere Spezialeinheit, vermutlich Rossitsch. Leider ergibt sich nicht die Gelegenheit, miteinander zu reden. Die Mörser sind hier nutzlos, wir halten einfach nur durch unsere Präsenz das Stadtzentrum. In der Verwaltung finden Verhandlungen statt.

Es wird dunkel. Wieder quetschen wir uns in die UAZ und fahren zurück zum Flughafen von Cherson. Unterwegs rechnen wir mit Angriffen, halten die Waffen bereit. Wir sehen einheimische Plünderer, die ihre eigenen Geschäfte ausräumen. Am Stadtrand steht unsere OMON, verstärkt durch Schützenpanzer. Sie kontrollieren die wenigen zivilen Autos, die vorbeikommen.

Wieder am Flughafen richten wir uns im Dunkeln in unseren Schützengräben ein. Erst da erfahren wir, dass der Flughafen in der Zwischenzeit unter Artilleriebeschuss genommen wurde, es gab Verluste.

Obwohl mittlerweile das ganze Land weiß, dass in der russischen Armee heilloses Chaos herrscht und alles mehr Schein als Sein ist, finden sich doch immer Leute, die dorthin gehen, in der Hoffnung, dass es so schlimm nicht sein kann und sich etwas gebessert hat. Leider gibt es in der Armee auch solche, die das alles nicht stört. Sie haben ihr ganzes Leben in die Armeelaufbahn gesteckt, einen Majorsrang oder einen noch höheren errungen, bis zur Rente ist es nicht mehr weit, deswegen wollen sie sich nichts verbauen. Auf ihnen fußt dieses verrottete System, denn sie glauben blind an alles, was man ihnen sagt, auch daran, dass wir trotz aller Schlamperei im Verteidigungsministerium die Ukraine in drei Tagen einnehmen würden.

Wer wird sich für diesen erbärmlichen Zustand der Armee verantworten? Wenn die Luftlandetruppen schon so aussehen, die Elite, die Reserve des Oberbefehlshabers, wie sieht es dann in den anderen Einheiten aus? Kaum auszudenken.

Mitte Februar befand sich meine Kompanie wie viele andere Einheiten auf dem Truppenübungsplatz in Staryj Krym. Die Nachrichten ließen schon vermuten, dass sich etwas zusammenbraute. Einerseits wollte ich mit dieser Armee nichts mehr zu tun haben, in der du ein Niemand bist, deine Rechte nur auf dem Papier existieren und dein Gehalt niedriger als das eines Ladearbeiters bei Magnitorg ist. Ich wusste, dass diese Armee vollkommen unfähig war, weswegen ich ja auch die Beschwerde ans Verteidigungsministerium geschrieben hatte.

Später erfuhr ich, dass die Führung meines Truppenteils schnell eine Erklärung zusammengeschustert hatte, in der sie mich als einen ständig gegen den militärischen Gehorsam verstoßenden und überhaupt den schlechtesten Soldaten meiner Truppe darstellte. Für die Akte hatten sie nicht einmal ein Foto von mir. Sie kleisterten einfach irgendwas mit Photoshop zusammen, fügten meine Augen, Nase und Mund in das Bild von einem anderen Typen ein. Das bin nicht ich auf dem Foto in meiner Akte!

Einerseits wollte ich also möglichst schnell kündigen, andererseits dachte ich, dass es jetzt, wo sich etwas zusammenbraute, eine Schande wäre und mir eine Kündigung als Feigheit ausgelegt würde. Verschiedene Gerüchte waren im Umlauf: Angefangen damit, dass die Ukraine und die NATO die Krim angreifen wollten und wir unsere Truppen an der Grenze konzentrierten, um das nicht zuzulassen, bis hin zu der Behauptung, dass die Ukraine die Volksrepubliken Donezk und Lugansk anzugreifen drohte. Auch wenn ich das alles nicht unterstützte, hätte ich es peinlich gefunden, in Anbetracht eines möglichen Konflikts nicht auf den Truppenübungsplatz zu fahren.

Ich weiß nicht, was mich antrieb – Patriotismus oder der Unwille, zu kneifen. Außerdem dachte ich, dass ich auf die Bewilligung meiner Kündigung noch lange warten konnte, jetzt würde man mich sowieso nicht einfach gehen lassen.

Ich vermutete, dass man uns in die Volksrepubliken Donezk oder Lugansk verlegen würde. Wir würden uns auf deren Gebiet positionieren und unter russischen Flaggen ein Referendum verkünden und den leidgeplagten Donbass annektieren. Es erschien mir logisch, dass man eine Operation durchführen würde, bei der wir wie Friedenstruppen auftreten würden.

Mit diesen Gedanken ging ich zum stellvertretenden Politoffizier des Bataillons und sagte, ich wolle auch, weil ich glaube, dass sich da etwas zusammenbraue. Der riss die Augen auf, als wäre ich wahnsinnig, und fragte mehrfach, wie ich denn darauf käme. Im Endeffekt ließ er mich aber auf den Truppenübungsplatz, obwohl ich als »vorübergehend dienstuntauglich« eingestuft war.

Am 15. Februar kam ich dort an und war erneut baff über die Verhältnisse. Unsere ganze Kompanie wohnte in einem Zelt, knapp vierzig Mann (die Zeitsoldaten waren in der Garnison geblieben). Im Zelt standen Feldbetten und ein Kanonenofen. Selbst in Tschetschenien, wo wir nur in Zelten und Erdlöchern gewohnt hatten, waren die Verhältnisse deutlich besser gewesen.

Aus meiner Dienstzeit im fernen 2007 erinnerte ich mich noch daran, dass die Verpflegung auf dem Truppenübungsplatz immer gut gewesen war, aber hier war sie sogar mieser als in der Garnison. Möglichkeiten sich zu waschen gab es keine. Obendrein wurden in unserer Kompanie Ratnik-Ausrüstung, Rucksack und Schlafsack nur ausgehändigt, wenn der Kompaniechef das für nötig erachtete – meist vor einem Einsatz oder einer Übung. Ich wusste längst, dass wir zu wenig davon hatten. Deswegen hatte der Kompaniechef sogar ein Verfahren am Hals. Natürlich waren für die, die als Letzte kamen, keine mehr übrig. Außer mir waren es noch fünf Männer, die weder Schlafsack noch Tarnmantel, Schutzweste oder Helm hatten. Am Ende mussten wir sie abwechselnd nutzen.

Als ich im Zelt meiner Kompanie ankam, sahen meine Kameraden schon ziemlich verwahrlost aus von diesem fabelhaften Leben. Sie waren seit zwei Wochen dort. Da ich weder Schlafsack noch Schlafplatz hatte, legte ich mich auf den Platz des Kompaniechefs – ich wusste von den anderen, dass er sich dort selten blicken ließ, weil die Soldaten sich immer öfter über die Zustände beschwerten. Später erfuhr ich von anderen Einheiten, die man für »Übungen« auf die Krim gebracht hatte, dass es dort noch schlimmer zuging: Sie hatten nichts zum Heizen und keine Waschmöglichkeiten, weswegen die Leute bei winterlichen Temperaturen ins Meer gingen.

Die Militärkrankenhäuser waren schon im Februar brechend voll, es gab dann sogar einen Erlass, der verbot, sich ins Krankenhaus einweisen zu lassen. Wegen all dem bekam ich meinen Kompaniechef erst am Abend zu Gesicht. Er war nicht gerade erfreut, inmitten all der Unzufriedenen auch noch mich zu sehen. Ich fragte ihn, wo meine Ratnik-Ausrüstung und Schlafsack seien. Nicht da, erwiderte er, es sei mein Problem, wo ich sie herbekomme. Insgesamt fiel mir gleich zu Beginn auf, dass der Kompaniechef mit allen Mitteln versuchte, die jungen Zugführer und Ältesten in ein schlechtes Licht zu rücken. Die wiederum versuchten alles auf den Personalbestand zu schieben. Letztlich blieben die Probleme ungelöst, und jeder war auf sich allein gestellt.

In den nächsten paar Tagen gingen wir zum Schießplatz, wo wir sinnlos einen Haufen Munition verballerten. Da bekam ich auch endlich mein Sturmgewehr, das mir vom Kompaniechef erst am 1. Dezember zugeteilt worden war, direkt auf dem Platz, bei der Kontrolle durch den General. Vorher hatte ich vier Monate lang keine eigene Waffe. So etwas wäre bei meinem Dienst von 2007 bis 2010 unvorstellbar gewesen. Dann stellte sich jedoch heraus, dass mein Gewehr verrostet war und die Gurtschnalle kaputt. Schon nach wenigen Schüssen klemmte es. Ich musste es auseinanderbauen und sehr lange putzen, um es halbwegs in Ordnung zu bringen.

Nachts gab es im Zeltlager eine Patrouille. Einmal waren ein Kamerad und ich um ein Uhr dran. Der Diensthabende gab uns ein Funkgerät und trug uns auf, alle Ankommenden anzuhalten und ihm zu berichten. Wir begaben uns an die uns zugeteilte Straße an der Einfahrt zum Lager. Knapp eine halbe Stunde später kam ein Wagen auf uns zu. Wir stellten uns auf die Straße, mit der Absicht ihn anzuhalten, um dem Diensthabenden Bericht zu erstatten, wie es uns befohlen worden war. Der Wagen kam immer näher, blendete uns mit den Scheinwerfern, wir blieben mitten auf der Straße stehen, die Arme seitlich ausgestreckt. Dann wurde uns klar, dass wer immer auch darin war, nicht vorhatte anzuhalten. In letzter Sekunde sprangen wir doch aus dem Weg. Vor lauter Entrüstung über so viel Dreistigkeit kratzte ich beim Ausweichen mit der Antenne meines Funkgeräts über den Wagen, erst da bemerkte ich, dass es ein Patriot-UAZ war. Der hielt hinter uns an, und es ertönte ein derbes Gebrüll, was für Vollidioten wir denn seien und welcher Wichser angeordnet habe, Wagen anzuhalten. Sie falteten uns zusammen, und ich bekam auch noch eine Rüge, weil meine Mütze nicht zur Uniform passte. Dann fuhr der Regimentskommandeur weiter. Die Lust Befehle auszuführen, schwindet nach so etwas sofort.

03.03.2022

Am nächsten Morgen ist das Gerücht im Umlauf, dass wir Nikolajew stürmen sollen und dann Odessa. Ich glaube es nicht! Verstehen die da oben wirklich nicht, dass die Leute fertig sind?

Es kommt das Kommando, zu beladen und loszufahren. Unsere Kolonne, bestehend aus UAZ, LKW und BMD-Panzern, fährt Richtung Nikolajew. Wir haben mittlerweile deutlich weniger Gerät. Zuerst fahren wir auf Straßen, später querfeldein. Wir sich herausstellt, fahren wir zum Sturm auf den Flughafen von Nikolajew.

Am Nachmittag geraten wir unter Artilleriebeschuss. Wir halten, springen aus den Wagen, bringen die Mörser in Position. Dafür müssen wir durch einen Graben. Füße und Hose sind klatschnass bis zu den Knien. Ich weiß nicht, von wem die Koordinaten kommen, aber wir feuern ein paar Salven ab. Ein paar UAZ fahren in die Richtung, aus der die Geschosse gekommen sind. Wir stellen das Feuer ein.

Am Kopf der Kolonne sind Artillerieexplosionen zu sehen. Ein Sanitätswagen fährt hin, dann wieder zurück, gefolgt von einem schwer getroffenen UAZ.

Der Beschuss hält an, aber aus maximal nur drei Geschützen. Die Kolonne steht weiterhin still, uns gibt man keine weiteren Koordinaten durch. Eine halbe Stunde später fahren wir weiter. Die Straße führt jetzt durch Wohngebiete, man sieht zerstörtes ukrainisches Gerät. Offenbar wurden hier gut befestigte Stellungen der ukrainischen Streitkräfte gerade erst verlassen.

Wir bekommen den Befehl, am Rand der Ortschaft Schützengräben auszuheben. Während wir die Geschütze aufstellen, verstärkt durch einen Zug mit Panzerabwehrlenkwaffen, tobt vor uns ein Gefecht, fast alle unsere Jungs sind da. Wir sitzen hier, umgeben von verlassene Stellungen und Gerät der Ukrainer, Javelin-Kisten und zurückgelassenen ukrainischen BMP-Panzern.

Man hört Schüsse und Explosionen, aber was genau passiert, ist unklar. Es fliegen Raketen, auch eine »Kinschal«. Die Luftwaffe dröhnt über uns, eine Javelin fliegt direkt über unsere Köpfe.

Als es langsam dunkel wird, fahren unsere UAZ in entgegengesetzter Richtung an uns vorbei. Ich halte sie an, frage, was los sei, aber niemand kann es mir erklären. Ich bekomme nur mit, dass vorne gut befestigte Stellungen der Ukrainer waren und unsere Jungs in einen Fleischwolf geraten sind. Der Rückzug wirkt chaotisch. Wer lenkt diese ganze Scheiße?

Auch wir bekommen das Kommando »In die Wagen!«. Nach knapp fünfhundert Metern Fahrt bleiben wir schon wieder stehen. Dann das Kommando »Still liegen und hier übernachten!«. Völlig ausgelaugt schlafen wir im Gebüsch auf dem Boden. Es ist sehr kalt. In der Nacht wird patrouilliert, aber wer und wo – keine Ahnung. Es geht das Gerücht um, der Bataillonskommandeur sei gefallen.

Ich glaube, am 20. Februar kam der Befehl, sich sofort fertig zu machen und mit leichtem Gepäck loszufahren. Es sollte einen Eilmarsch irgendwohin geben. Damals hofften die meisten, dass dieser Eilmarsch das Ende der Übungen darstellen würde. Ein paar spotteten, wir würden gleich die Ukraine überfallen und Kiew in drei Tagen einnehmen. Mir war schon damals nicht zum Lachen. Ich sagte, wenn es tatsächlich zu so etwas käme, dann würden wir in drei Tagen gar nichts einnehmen. Ich vermutete eher, dass man uns in den Donbass schicken würde.

Die meisten ließen ihre Handys auf dem Truppenübungsplatz. Alle Waffen sollten mit. Gegen 17 Uhr war unser Regiment bereit. Es bestand aus meinem Sturmbataillon mit UAZ, einer Mörsereinheit mit 82-mm-Mörsern, einem Fallschirmjägerbataillon mit UAZ und BMD-2, einer reduzierten Aufklärungskompanie, einer Artilleriedivision mit 120-mm-Mörsern und D-30-Haubitzen sowie einzelnen Zügen. Nach meiner Einschätzung waren wir fünfhundert bis sechshundert Mann. Und wieder konnte jeder selbst zusehen, wo er Essen und Wasser herbekam, unsere Befehlshaber interessierte das nicht.

Nur Waffen hatten wir für eine Kompanie mehr als genug: NSW, AGS, RPG-7, Panzerabwehrlenkwaffen, MGs vom Typ »Petscheneg« und AK-74M mit Granatwerfer. Dummerweise konnte niemand mit den Panzerabwehrlenkwaffen schießen. Ich hatte ein AK-74M mit Granatwerfer, während meinem Kameraden, der Probleme mit den Beinen hatte, wegen des Verbots aber nicht ins Krankenhaus konnte, eine Petscheneg zugeteilt wurde. Aus irgendeinem Grund bekamen wir noch ein NSW und die Granatschützen zur RPG-7 noch ein AGS. Nun ja.

Gegen 20 Uhr, als es dunkel geworden war, fuhr die Kolonne auf die Straße. Außer uns waren noch weitere Kolonnen aus verschiedenen Richtungen unterwegs. Auf den Straßen standen Polizei- und Militärpolizeiwagen mit Warnlicht. Riesige Kolonnen schlichen über das Land, Ziel unbekannt. Die ganze Fahrt über versuchten wir zu erraten, wo es hinging. Die Fahrer wussten auch nichts, sie folgten einfach dem Vordermann.

Schließlich kamen wir gegen drei Uhr irgendwo in der Nähe von Tscherwonyj Perekop an. In vielen der UAZ funktionierten nicht einmal die Heizungen.

Am Morgen bekamen wir EPas. Schon damals waren alle schmutzig und ausgelaugt. Viele hatten einen Monat unter fürchterlichen Bedingungen auf dem Truppenübungsplatz gewohnt. Die Nerven lagen blank, zumal die Situation immer ernster und unklarer wurde.

Die meisten hatten keinen Empfang, es kursierten nur Gerüchte, was die Stimmung aufheizte. Ich vermute, dass die Regimentskommandeure damals schon wussten, was auf uns zukam.

Zwei Tage später fuhren wir wieder nachts an einen anderen Ort, näher zur Grenze, irgendwo bei Armjansk. Wir schliefen in den Wagen, es wurde verstärkt patrouilliert.

In der Nacht vom 22. zum 23. Februar kam die Information von der Führung, dass feindliche Sabotagegruppen über die Grenze gekommen seien. Alle waren angespannt. Der Witz war auch, dass wir gar keine Munition hatten, und viele hatten wie ich nicht mal eine Ratnik-Ausrüstung. Einer meiner Kameraden nahm die Situation sehr ernst und schlug vor, dass sich unsere Männer als Erkennungszeichen Armbinden ummachten, dann schob er lachend noch das Codewort für die Nacht hinterher: »Cherson gehört uns«. Dieser Satz sollte sich als prophetisch erweisen. In der Dunkelheit standen die Kompanien in einiger Entfernung voneinander, keiner wusste so recht, was vor sich ging. Alle stellten nur Vermutungen an.

04.03.2022

Im Morgengrauen steigen wir wieder in die Wagen. Wir fahren zurück, wohin genau, ist unklar. Nach etwa drei Kilometern beziehen wir Stellung in einem Waldstreifen. Hubschrauber fliegen vorüber. Viele nutzen die Pause, um etwas zu essen oder zu schlafen. Ich sehe den Feldarzt unserer Kompanie, frage ihn: »Bruder, was ist mit der Kompanie?« Er sagt: »Der und der ist tot. Der, der und der sind verwundet.«

Wieder Artilleriebeschuss. Wir gehen unter einem großen Baum in Deckung. Jemand wendet sich an einen Offizier, der neben uns steht: »Herr Offizier, was sollen wir tun?« Der erwidert: »Woher soll ich das wissen? Verdammte Scheiße! Ich bin nicht der Bataillonskommandeur, ich bin der stellvertretende Politoffizier.« Alles klar, was anderes hat auch niemand erwartet.

Wieder in die Wagen, ungeordnet fahren wir zurück. Unterwegs sehe ich mehrere 2S9 des Fallschirmjägerbataillons, die das Feuer in Richtung Nikolajew eröffnen. Ich sehe meine Kompanie, die schnell in ihre UAZ springt. Insgesamt habe ich den Eindruck, dass alles völlig chaotisch läuft. Aber plötzlich verstummt der Beschuss wie auf Befehl.

Ich sehe unsere Hubschrauber aus Nikolajew zurückkommen. Später erfahre ich, dass mindestens fünf von ihnen abgeschossen wurden.

Wir fahren weiter, ich kapiere gar nichts.

Ich weiß nicht, warum, aber auf dem Rückweg denke ich, dass vielleicht Frieden geschlossen wurde. Vorher hat mir der Divisionskommandeur ja gesagt, dass wir den achten März alle zu Hause feiern würden. Und vor ein paar Tagen habe ich am Hafen von Cherson im Fernsehen gesehen, wie Kiew und Charkow bombardiert wurden. Es hieß, unsere Männer hätten die Städte umzingelt, und die Marine hätte Odessa unter Kontrolle.

Vielleicht bin ich schon verrückt geworden, aber ich bilde mir ein, das hier könnte das Ende des Krieges sein. Die da oben müssen doch wissen, dass wir nicht elf Tage ohne Pause angreifen können.

Während wir weg waren, sind weitere Truppen am Flughafen von Cherson eingetroffen: Jetzt gibt es Artillerie – 2S19 und »Buratino«, Flugabwehr und Infanterie. Die Stimmung hebt sich.

Die Infanterie ist allerdings seltsam gekleidet: alte Helme und Tarnanzüge. Wie sich herausstellt, sind es Jungs aus der Volksrepublik Donezk. Wir blicken auf sie herab, weil wir wissen, dass sie uns keine Hilfe sein werden. Die meisten sind um die fünfundvierzig und wurden mit Gewalt hergebracht. Außerdem gehen Gerüchte um, dass sich die Jungs von der motorisierten Schützentruppe massenhaft weigern würden zu fahren. Wahrscheinlich können wir uns deswegen auch nicht erholen. Mich überkommt eine Wut auf die Verweigerer.

Wir pfeifen schon auf alles und zünden, ohne zu fragen, Lagerfeuer an, um unsere EPas aufzuwärmen. Wir essen und tauschen uns darüber aus, wer was gehört hat, dann fallen wir in unsere Schützengräben und schlafen ein. Weil neue Truppen eingetroffen sind, können wir uns kurz entspannen.

Am 23. Februar erschien der Divisionskommandeur beim Appell. Er beglückwünschte uns zum heutigen Feiertag, dem Tag des Verteidigers des Vaterlandes, und verkündete, dass unser Gehalt künftig auf 69 Dollar täglich angehoben werde. Nach damaligen Kurs waren das etwa 7000 Rubel. Aber wir wurden auch hier verarscht, am Ende bekamen wir nur 3500 pro Tag.

Vom ersten Tag an, mit Überquerung der Grenze, Salven von Raketenwerfern und Kampfhubschrauber über uns, als uns klar wurde, dass das hier nicht so etwas wie die Aktion mit den »höflichen Menschen«[2] auf der Krim war, sondern

2 Als »höfliche Menschen« wurden militärische Spezialkräfte der russischen Armee bezeichnet, die, in grünen Uniformen und ohne Hoheitszeichen, zur Annexion der Krim eingesetzt wurden. [A.d.Ü.]

ein echter Krieg, waren wir uns einig, dass das kein Geld der Welt wert war. Dabei waren wir nicht wegen des Geldes hier, wir waren doch Verteidiger des Vaterlandes, Fallschirmjäger, der Stolz unserer Heimat. Wenn wir den Kriegsbefehl bekamen, dann war sicher etwas Ernstes im Gange. Vielleicht standen die ukrainischen Streitkräfte schon vor Rostow, oder die Amerikaner waren auf Kamtschatka gelandet! Ohne Witz, diese Gedanken kamen mir am Anfang wirklich. Wenn wir die ukrainische Grenze durchbrachen und den Befehl hatten, Cherson zu stürmen, musste etwas in der Art passiert sein. Anders konnte ich mir das nicht erklären.

Nach dem Appell wurden uns Munition, Granaten und das Schmerzmittel Promedol ausgeteilt. Es häuften sich die Gerüchte, dass wir wirklich Cherson stürmen sollten. Mir erschien das wie der reinste Unsinn. Was morgen sein würde, wusste niemand. Manche sagten, wir würden die Grenze zur Krim verteidigen. Andere behaupteten, wir würden nach Kiew vorrücken und die Stadt in drei Tagen einnehmen. Mit Letzteren begann ich sofort zu streiten, erklärte ihnen, dass wir in drei Tagen gar nichts einnehmen könnten und so ein Unterfangen einfach nur die Hölle wäre. Ich glaubte, dass niemand so einen Befehl erteilen könnte, und der Leichtsinn meiner Kameraden ärgerte mich. Ich hatte den Eindruck, dass wir angegriffen wurden und der ganze Aufruhr nötig war, um unsere Kampfbereitschaft zu demonstrieren, oder dass man uns in Hubschrauber stecken und über den Volksrepubliken abwerfen würde oder dass man uns an der Grenze aufmarschieren lassen würde, während Truppen vom Osten in die Volksrepubliken einmarschierten, um ein Referendum durchzusetzen. Es war klar, dass sich etwas zusammenbraute, aber wir hatten schon lange keinen Empfang und keinen Zugang zum Internet mehr.

An diesem Tag stritt ich mich mit dem Zugführer. Die Situation verschärfte sich, und ich hatte nicht mal eine Schutzweste. Ich ging los, um den Bataillonskommandeur zu suchen (möge er in Frieden ruhen). Dieser Oberstleutnant verfügte über die perfekten Eigenschaften für einen Kommandeur: Er konnte streng sein wie ein Vater und sich in ein Problem einfühlen wie eine Mutter.

Ich fand ihn bei der Mörsereinheit, väterlich schüttelte er mir die Hand, sagte, ich hätte es gut gemacht, dass ich doch mitgefahren sei, hörte sich mein Problem an, dass ich keine Ratnik-Ausrüstung hätte, und sagte, er habe schon verfügt, dass am Abend welche nachgeliefert würden. Er wusste um meine Probleme mit dem Kompaniechef und schlug mir vor, mich in die Mörsereinheit zu verlegen, dort fehlten komischerweise immer Leute.

Den Kommandeur der Mörsereinheit hatte ich ein paarmal im Fitnessraum gesehen, er schien mir ein guter Offizier zu sein. Ich nahm das Angebot an, denn ich war die Konflikte leid. Ich hatte mich damit abgefunden, dass ich nichts ändern konnte, und wollte nur, dass das alles möglichst bald aufhörte und ich kündigen könnte. Als es am Abend langsam dunkel wurde, bekam ich Schutzweste, Helm und Rucksack und machte mich zum KAMAZ der Mörsereinheit auf, um mit deren Kommandeur zu sprechen. Er wusste schon Bescheid. Ich erklärte ihm, dass ich von Mörsern keine Ahnung hätte, aber tun würde, was er mir sagte. Er antwortete, ich könne mich um die Steuerung kümmern. Ich kletterte in den LKW, da saßen schon fünf Männer. Die Gesichter kamen mir bekannt vor, wir hatten ja alle im selben Bataillon gedient. Es wurde dunkel, die Kolonne begann sich zu formieren.

Von diesem Tag an änderte sich alles. Ich merkte, wie auch die Menschen sich veränderten: Manche waren nervös und mieden den Kontakt, andere hatten unverkennbar Angst, wieder andere waren unnatürlich gut drauf. Ich hatte mich mit der Situation abgefunden, aber ich spürte auch eine gewisse Kampflust – das war das Adrenalin.

Die Kolonne setzte sich in Bewegung, man fädelte sich ein. Die 82-mm-Mörsereinheit bestand aus fünf Geschützen und hatte drei KAMAZ und drei URAL. Ein KAMAZ ist für die Steuerung zuständig, in den anderen fünf Wagen stehen die Mörser, Minen und etwa fünf Leute je Besatzung.

Unterwegs erklärten mir die Jungs, dass meine Aufgabe die Aufklärung und die Korrektur der Geschütze sei; wenn es losginge, würden wir die Sturmtruppen von hinten unterstützen. Da erschrak ich, das klang nicht gut: Meine Kompanie ging voran, und ich versteckte mich hinter ihr, und das alles wegen meiner Streitereien. Aber ich verscheuchte den Gedanken sofort wieder. Was sollte schon losgehen? Wer führte denn im 21. Jahrhundert noch Krieg? Wir würden höchstens irgendwo herumstehen und bedrohlich aussehen. Trotzdem kam mir das alles komisch vor. Wohin fuhren wir?

In letzter Zeit hatten wir nur etwa fünf Stunden pro Nacht geschlafen und quasi auf der Straße gelebt, deswegen schlief ich auf der Ladefläche des KAMAZ sofort ein.

05.03.2022

Am Morgen Gerüchte, dass es wieder nach Nikolajew geht. In der Nacht hat die Artillerie die Stadt bearbeitet.

Wir formieren die Kolonne und fahren los. Wir irren durch Felder an der Stadtgrenze und geraten immer wieder unter Artilleriebeschuss. Bis in die Nacht wechseln wir ständig die Position.

06.03.2022

Der Morgen beginnt wieder mit Beschuss. Wieder springen wir in die Wagen, halten an verschiedenen Stellen, wechseln die Position, geraten unter Beschuss, unter anderem von Grad-Werfern. Mit der Genauigkeit der ukrainischen Artillerie ist es nicht weit her.

Gegen Abend halten wir irgendwo an der Grenze zwischen den Oblasten Cherson und Nikolajew. Wir verteilen uns auf einem riesigen Gebiet von etwa zwanzig Quadratkilometern, und das obwohl wir so wenige sind.

07.03.2022

Wir Mörserschützen sollen in der Nähe meiner alten Kompanie in Stellung gehen. Wir fahren hin und verbringen dort die Nacht. Am Morgen treffe ich meine Leute. Einer der Offiziere sagt, in seiner Einheit seien zu wenig Männer, vier hätte er bei Nikolajew verloren. Ohne zu zögern, wechsle ich in seine Einheit, erst recht, weil die Mörsereinheit bisher ehrlich gesagt nur herumsaß.

Kurz darauf erleidet auch die Mörsereinheit Verluste, über die Hälfte wird verwundet.

Dann spielen wir knapp einen Monat »Und täglich grüßt das Murmeltier«: heben Schützengräben aus, werden unter Artilleriefeuer genommen, unsere Artillerie schießt zurück. Von unserer Luftwaffe ist nichts zu sehen. Wir halten einfach nur die Stellung in unseren Schützengräben an der Front und können weder duschen noch vernünftig schlafen oder essen. Alle sind unrasiert und schmutzig. Uniform und Kampfstiefel gehen kaputt.

Die höheren Befehlshaber lassen sich bei uns nicht blicken. Gerüchte kursieren, dass sich viele weigern, in den Krieg zu ziehen, dass wir nach unserer Rückkehr fünf Millionen kriegen, dass wir fast gewonnen haben, dass unsere Verluste enorm sind, dass die NATO Truppen entsendet, dass der Dollar bei 150 Rubel liegt, dass der Zucker jetzt dreimal so teuer ist.

Wir haben nichts zu essen, nur die EPas, aber auch bei denen heißt es, eine Kiste müsse für zwei Tage reichen. Irgendwann heißt es, in der Division gebe es keine EPas mehr. Dann kommt irgendein Schlaumeier da oben auf die Idee, eine Feldküche hinter unseren Stellungen einzurichten und Freiwillige dort arbeiten zu lassen. Bald darauf nimmt der Beschuss noch weiter zu. Aus unserer Kompanie versuchen sie ebenfalls Freiwillige anzuwerben, aber es will niemand, weil man den Scheiß von da kaum essen kann. Die meisten essen gar nichts davon.

Dann heißt es, es würden Prämien für jeden getöteten ukrainischen Soldaten oder zerstörtes Militärgerät gezahlt, ganz wie bei den Freischärlern in Tschetschenien. Aber keiner dieser Schlaumeier mit Schulterklappen kommt auf die Idee, Stellungswechsel bei Tag zu verbieten. Mit den Drohnen sieht man bestens, wohin wir unser Gerät verlegen, sodass der Beschuss meist nicht lange auf sich warten lässt. So wird fast alles Gerät zerstört. Jetzt heißt es, es würden BMP-1-Panzer kommen. Die Dinger sind sechzig Jahre alt!

Neue Uniformen, Schuhe, Ausrüstung oder warme Kleidung bekommen wir nicht. Ein paar eingetroffene Kisten mit der Aufschrift »Humanitäre Hilfe« enthalten billige Socken, Unterhemden, Unterhosen und Seife. Von den Paketen, die die Familien aus Feodossija schicken, kommt längst nicht alles an. Und das, was ankommt, schafft es nicht immer zum Empfänger oder wird geplündert. Trotzdem können wir uns nur dank dieser Pakete halbwegs ernähren – da drin sind Tee, Kaffee, Süßigkeiten, Konserven.

Die ukrainischen Streitkräfte versuchen Gegenoffensiven aus unterschiedlichen Richtungen, aber noch halten die Luftlandetruppen und das 33. motorisierte Schützenregiment erfolgreich die Stellung. Es fängt an, dass sich manche in die Gliedmaßen schießen oder sie irgendwo drunterlegen, um die drei Millionen zu kassieren und dieser Hölle zu entkommen.

Nachts fliegen so viele Satelliten über uns wie nirgends sonst auf der Welt. Einem Mädchen in der Nachbarsiedlung wird bei einem Artilleriebeschuss die Ferse abgerissen, unsere Ärzte helfen ihr. Nach dem Artilleriefeuer ist von manchen Siedlungen kaum noch was übrig.

Ringsum werden alle immer boshafter. Irgendein Großmütterchen bringt uns vergiftete Piroschki, fast alle bekommen einen Pilz, manchen fallen die Zähne aus, die Haut schuppt. Ich habe höllische Schmerzen in den Beinen und im Rücken, aber Kranke dürfen nicht evakuiert werden. Viele sagen, dass sie später von den Befehlshabern fordern werden, sich für diese Unterversorgung und dumme Führung zu verantworten. Immer öfter schlafen Leute auf den Wachposten vor Erschöpfung ein. Manchmal empfangen wir ukrainischen Funk. Dort beschimpfen sie uns als Orks und ziehen über uns her, was uns noch wütender macht. Manche fangen heftig an zu saufen, wo auch immer sie den Alkohol herkriegen. Es gibt Gerüchte, dass wir wie die Veteranen des Großen Vaterländischen behandelt werden sollen.

Die Gruppierung »O« bei Kiew wird abgezogen, angeblich als Zeichen des guten Willens. Ich sage sofort, dass das Bullshit sei. Niemand zieht einfach so Spezialkräfte ab, die Verluste müssen also enorm sein. Danach wächst der Druck auf uns, unsere Stellungen werden von ukrainischen Hubschraubern und Flugzeugen angeflogen. Das Regiment hält die Stellung, aber es gibt Verluste.

Bei jedem Beschuss drücke ich den Kopf auf den Boden und denke immer wieder: Lieber Gott, wenn ich hier rauskomme, dann tu ich alles, um das zu ändern. Ich will, dass alle Schuldigen an dem Chaos und der Schlamperei in unserer Armee bestraft werden. Ich will, dass der Krieg aufhört. Ich hoffe, dass die Politiker sich endlich einigen.

Das, was dort passiert, lässt sich nur mit Erzählungen aus dem Großen Vaterländischen Krieg vergleichen: Mir kommt es auch so vor, als würde die gesamte Welt gerade Krieg führen. Ich habe Angst zu sterben. Es ärgert mich, so dumm mein Leben zu lassen. Es ärgert mich, dass so viele bereits ihr Leben oder ihre Gesundheit für diese Scheiße lassen mussten. Wofür? Für wen? Ich denke an meinen Vater, der sein Leben lang im 56. gedient hat, wo jetzt auch ich diene, wo ich meine Kindheit und Jugend verbracht habe. Was ist passiert mit dem, was es einmal gab? Wie konnte man das legendäre 56. so ruinieren? Es ärgert mich, dass die Führung auf uns scheißt, dass sie uns mit allen Mitteln zu verstehen gibt, dass wir für sie keine Menschen, sondern Vieh sind. Es ärgert mich, dass sie vor diesem Krieg, den sie selbst angefangen haben, alles taten, um die Armee zu schwächen. Bei jedem Beschuss sage ich zu mir selbst: Lieber Gott, wenn ich hier rauskomme, dann tu ich alles, um das zu ändern.

Ich entscheide, dass ich alles, was im letzten Jahr passiert ist, aufschreiben werde, damit möglichst viele Menschen erfahren, wie unsere Armee heute aussieht. Eine Armee, die zielgerichtet ruiniert wurde, während wir alle geschwiegen und uns die Paraden am 9. Mai auf dem Roten Platz angeschaut haben. Am 9. Mai danken wir unseren Vorfahren, die den Krieg beendet haben. Haben wir, ihre Nachkommen, jetzt wirklich einen begonnen?

Mitte April fliegt mir bei einem Artilleriebeschuss Erde in die Augen. Fast zwei Monate mit Kontaktlinsen haben meine Augen ausgetrocknet, die hineingeratene Erde verschlimmert alles – ich bekomme eine Hornhautentzündung. Nach fünf Tagen Qualen werde ich, weil die Gefahr besteht, ein Auge zu verlieren, doch evakuiert.

Für mich ist dieser Scheiß vorbei, aber mich lässt die Trauer darüber nicht los, dass dort immer noch Menschen einander töten und der gegenseitige Hass jeden Tag immer weiter wächst.

In diesen Aufzeichnungen habe ich versucht, maximal ehrlich und aufrichtig zu schildern, was ich in der Ukraine erlebt habe. Ich wollte meine Gefühle und Gedanken von damals teilen und beschreiben, was ich gesehen habe. Ich wollte es so erzählen, als legte ich vor mir selbst Beichte ab. Ich habe nichts erfunden, beschönigt oder verheimlicht. Genau so, wie ich es beschrieben habe, hat der Krieg für mich ausgesehen.

Als ich wiederkam, glaubte ich meinen Ohren nicht. Es war verboten zu sagen, dass Krieg war. Ernsthaft? Was zum Teufel war es sonst? Das Gesetz über die Diskreditierung der russischen Streitkräfte richtete sich gegen die russischen Streitkräfte! Und was war mit den anderen Gesetzen, die dafür da waren, dass ich mich als Bürger fühlen kann und nicht bloß als Sklave? Wurden die abgeschafft?

Unsere Regierung hatte eine fabelhafte Lösung gefunden: einfach zu verbieten, darüber zu sprechen. Wir durften uns nur noch positiv äußern. Ich bin der festen Überzeugung, dass, wenn wir alles immer verheimlichen, sich nie etwas zum Besseren verändern wird. Probleme muss man offen diskutieren und lösen, nicht totschweigen, weil das die Zustände nur noch verschlimmert.

Im Gegensatz zu vielen anderen habe ich überlebt. Mein Gewissen sagt mir, dass ich verpflichtet bin, diesen Wahnsinn aufzuhalten. Ich weiß nicht, woher mir dieser Gedanke kam: Lieber Gott, wenn ich hier rauskomme, dann tu ich alles, um das zu ändern. Jetzt muss ich mein Versprechen halten.

Wie ich bereits schrieb, wurden meine Augen nach meiner Rückkehr aus dem Krieg behandelt. Dass ich wegen der Schmerzen in Beinen und Rücken hinkte, interessierte niemanden. Auf dem rechten Auge sah ich auch nach der Behandlung noch schlecht. Daher ließ ich mich auf eigene Kosten in einem Krankenhaus behandeln. Dort fand man heraus, dass ich eine Osteochondrosis aller Wirbel, mehrere sequestrierte Bandscheibenvorfälle im unteren Rücken, einen Bandscheibenvorfall im Nacken und drei Bandscheibenprotrusionen hatte. Ich bekam mehrere Diagnosen: Dorsopathie wegen degenerativer Dystrophie der Wirbelsäule, myofasziales Schmerzsyndrom und astheno-neurotisches Syndrom. Für das Militärkrankenhaus war ich damit quasi gesund, keine Behandlung nötig. In ein Sanatorium kam ich trotz Anordnung auch nicht. Ich musste alle Arztbesuche und Medikamente selbst bezahlen.

Zwei Monate lang versuchte ich, eine Behandlung von der Armee zu bekommen. Ich wandte mich an die Staatsanwaltschaft, die Kommandeure, den Leiter des Militärkrankenhauses, schrieb einen Brief an den Präsidenten. Niemand scherte sich drum. Ich hatte weder eine Versicherung noch eine Behandlung. Ich bat um Verlegung in eine andere Truppe, denn objektiv war ich nahezu blind und hatte einen kaputten Rücken – damit war ich für die Luftlandetruppen untauglich. Aber aufgrund der Erfahrungen mit meinem Vater ahnte ich schon, dass meine Probleme niemanden interessieren würden.

Nach einem Gespräch mit dem stellvertretenden Divisionskommandeur war mir dann alles schnurz. Ich beschloss zur Ärztekommission zu gehen und die Armee aus gesundheitlichen Gründen zu verlassen. Ich reichte die Unterlagen ein und machte die Untersuchungen, aber ich bekam einen ganzen Monat keinen Termin bei der Kommission. Am Ende behauptete die Führung, ich würde den Dienst verweigern, und gab meine Unterlagen der Staatsanwaltschaft, um ein Verfahren gegen mich einzuleiten. Dass man mich nicht zur Ärztekommission vorließ, wurde natürlich ignoriert. Mit dieser Show versuchen sie viele zum Bleiben zu bewegen.

Maßgeblich dafür verantwortlich war der stellvertretende Politoffizier Major Schennikow, ein Arschloch und Säufer, der beim Beschuss während des missglückten Sturms auf Nikolajew, bei dem unser Bataillonskommandeur gefallen ist, hinter mir gesessen hatte. Auf die Fragen der Soldaten, was man tun solle, hatte er nur gekreischt: »Woher soll ich das wissen? Verdammte Scheiße! Ich bin nur der stellvertretende Politoffizier.« Später überschlug er sich besoffen mit einem UAZ, in den Akten wurde das sicherlich als Kampfverletzung dokumentiert. Schließlich wurde er als Alkoholiker von der Front abkommandiert. Und jetzt erdreistete sich dieser heimgekehrte Offizier, ein Verfahren gegen mich einzuleiten und mich dafür zu bestrafen, dass ich wollte, dass unsere Gesetze eingehalten wurden. Er wollte sich dafür rächen, dass ich Beschwerden über ihn eingereicht hatte, für meine erfolglosen Schreiben an das Verteidigungsministerium, die Hauptstaatsanwaltschaft der Armee und sogar den Präsidenten.

Dieser stellvertretende Politoffizier Schennikow verkündete lauthals: Schreibt doch Briefe an den Präsidenten, ich scheiß drauf. Er war offenbar davon überzeugt, tun zu können, was er wollte. Allem Anschein nach hatte man ihm von oben eine Carte blanche erteilt. Hauptsache, er brachte so viele wie möglich an die Front, wenn auch ohne Ausrüstung und Vorbereitung. Wenn ihm ein armer Soldat unterkam, der nicht zurück in den Krieg wollte, wurde er beleidigt und fertiggemacht. Ließ sich das einer nicht gefallen, wurde kurzerhand ein Verfahren gegen ihn eingeleitet oder andere Druckmittel gefunden.

Die Armee macht ihre eigenen Soldaten fertig. Die, die schon im Krieg gewesen sind; die nicht zurückwollen, um für nichts und wieder nichts zu sterben; die wissen, dass es haufenweise Gefallene gibt, deren Angehörigen kein Sterbegeld ausgezahlt wurde; die wissen, dass die Verwundeten in den meisten Fällen keine Entschädigungen bekommen haben. Soldaten, die in einem Krieg gewesen waren, in dem die Führung sich nicht um ihre Versorgung scherte, darum, ob sie etwas zu essen und zu trinken hatten; wo sogar die »Humanitäre Hilfe« und Päckchen von Angehörigen geöffnet und geplündert werden und sich die Stabschefs im Hinterland die Rosinen rauspicken.

Ich hatte es lange nicht glauben können, aber anscheinend bestand der einzige Plan darin, die Ukraine einfach mit unseren Leichen zu pflastern – die Weiber würden schon neue Soldaten gebären. Die Hälfte meines Regiments ist weg: Manche haben gekündigt, manche sind krank oder verwundet, andere sind tot. Es gibt welche, die bis heute keine Zahlungen erhalten haben, weil sie laut Aktenlage gar nicht im Krieg gewesen sind, und Beschwerden beim Verteidigungsministerium führen zu nichts. Manche Soldaten aus meiner Kompanie hatten nach acht Monaten Dienst immer noch keine Militärpässe.

Viele hatten den Eindruck, dass man uns einfach vernichten wollte, indem man uns nicht gemäß unserer Ausbildung einsetzte und in solche Situationen brachte, wie ich sie erlebt habe. Dennoch kenne ich keinen Einzigen, der Schiss bekommen hätte und geflohen wäre. Ich kenne jedoch viele, die nach der Heimkehr nicht wieder an die Front wollen.

Wie sehr muss die Regierung auf diejenigen scheißen, die um den Preis ihrer Gesundheit und nur zu oft auch ihres Lebens völlig undurchsichtige Befehle ausführen müssen.

Zu den Gründen für das Scheitern unserer Armee haben sich schon viele Experten geäußert, von denen einige sehr wenig mit der Armee zu tun haben. Auch ich möchte meine Ansichten teilen.

Der Hauptgrund besteht darin, dass wir kein moralisches Recht haben, irgendein anderes Land anzugreifen – erst recht nicht das Volk, das uns von allen am nächsten ist. Der Großteil der Menschen in Russland tut so, als wäre nichts, und will sich die Laune nicht verderben lassen. Während die Ukraine zusammensteht wie die Sowjetunion 1941.

Egal wie sehr sich beide Seiten gerade hassen, vor dreißig Jahren waren wir ein Land. Russlands Wurzeln sind in Kiew. Russen und Ukrainer haben unzählige Verwandtschaftsbeziehungen. Deswegen hasst man uns in der Ukraine auch so, denn der Verrat eines Verwandten wiegt schwerer als der Angriff eines Fremden.

Was uns trennt, sind Staatsgrenzen und die unterschiedlichen Ansichten unserer Regierungen. Bevor das alles anfing, kannte ich kaum Menschen, die die Ukrainer für Nazis gehalten und sie als unsere Feinde angesehen haben. Viele Bürger Russlands tun das auch heute nicht. Das schließe ich aus Gesprächen mit einfachen Menschen in meinem Umfeld.

Der zweite Grund für das Scheitern liegt darin, wie alles anfing. Eine »Spezialoperation« mit einem Beschuss des ukrainischen Gebiets durch Artillerie, Luftwaffe und Raketen zu beginnen … Was haben wir denn erwartet, wie uns die Zivilisten empfangen würden, die am Morgen des 24. Februar von Explosionen geweckt wurden? Das ukrainische Volk hat, genau wie das russische, den Angriff durch die Faschisten von 1941 bis 1945 erlebt. Es ist mit Erzählungen von den Heldentaten ihrer Großväter aufgewachsen, die gegen den Faschismus gekämpft haben – den Heldentaten derer, die das Land mit ihrem Leben verteidigt haben. Und wie haben wir am 24. Februar ausgesehen? Wie konnte man glauben, dass die Ukrainer sich nicht gegen solch einen Angreifer vereinen würden? Oder bestand der Plan einfach darin, Hass zwischen uns zu säen?

Der dritte Grund ist die furchtbare Korruption und das Chaos in unserer Armee und die Tatsache, dass sie technisch hoffnungslos veraltet und moralisch verrottet ist. Seit zwanzig Jahren kommen Leute nur durch Bestechung und Vetternwirtschaft an die Militärunis. Viele ehrbare Menschen mit Prinzipien haben die Armee verlassen, weil sie einsehen mussten, dass der Kampf gegen dieses System aussichtslos ist und sie nur Schwachsinnsaufgaben erledigen müssen, statt militärisch ausgebildet zu werden.

Um bei der heutigen Armee keine Probleme zu bekommen, musst du tun, was man dir sagt, ohne zu mucken, selbst wenn es der größte Schwachsinn ist. Solche Regeln stammen aus der Vergangenheit und sind nicht mehr zeitgemäß. Eine Karriere ist nur möglich, wenn man Beziehungen hat und absolute Loyalität zeigt. Das System der Militärunis und Offiziersausbildung ist vollkommen überholt. Natürlich werden die Herren Offiziere einwenden, ich könne das nicht wissen, ich sei nicht selbst an einer Militäruni gewesen. Aber ich entgegne, dass ich es gerade deswegen beurteilen kann, weil ich den Blick von außen habe. Mir wurde nicht fünf Jahre lang eingetrichtert, jeden Befehl, ohne nachzudenken, zu befolgen. Ich hatte seit meiner Kindheit sehr viel Gelegenheit zu beobachten, wie die Armee organisiert ist, und ich sehe, so wie übrigens die gesamte Welt gerade, dass mit der russischen Armee etwas nicht stimmt.

Den Offizieren wird immer noch beigebracht, eine Armee aus Wehrdienstleistenden zu führen und keine Berufsarmee. Dabei sind die Zeitsoldaten oft älter als die Offiziere. Die Aufnahme in die Armee hat wenig mit gesundem Menschenverstand zu tun. Es ist schwer hineinzukommen und noch schwerer zu kündigen. Deswegen gehen die Männer, die sich ernsthaft für das Militär interessieren, zur Gruppe Wagner.

Das Gehalt eines Zeitsoldaten ist alles andere als angemessen. Angemessen erscheint es nur Leuten aus der Unterschicht. Wen wundert es da, dass viele Männer nicht zum Militär wollen? Wen wundert es, dass manche sich nicht zurückhalten können und Computer oder Waschmaschinen mitgehen lassen, wenn sie ein Gehalt bekommen, dass es ihnen nicht erlaubt, solche Dinge zu kaufen?

Unsere Ausrüstung und Uniformen sind unbequem und qualitativ minderwertig. Das zeigt sich auch daran, dass sich viele amerikanische, europäische oder sogar ukrainische besorgen.

Wie können Menschen die Armee verwalten, die nicht gedient haben? Woher sollen sie die Probleme und Bedürfnisse kennen? Wie können wirklich gute Zeitsoldaten es nach oben schaffen? Gar nicht. Man muss nach der Schule eine Militäruni besuchen, um dann als einundzwanzigjähriger Leutnant zur Armee zu kommen. Dort hundert Höllenkreise aus Bürokratie, Chaos und Erniedrigung durchlaufen, um Kompaniechef zu werden. Dann noch mal genauso viele, um stellvertretender Bataillonskommandeur zu werden, und immer so weiter. Das System lässt nicht die Vielversprechenden, Starken und Klugen nach oben, sondern die, die sich mit dem System arrangieren. Je weiter einer hochgekommen ist, desto mehr Dreck hat er am Stecken. Das führt dazu, dass die meisten Offiziere irgendwann hinschmeißen, und die, die es in höhere Positionen schaffen, klammern sich an ihre Stellung und geben keine Widerworte. Dafür haben sie zu viel durchgemacht. Dabei verstehen sie nicht, dass dieses System gerade durch ihr Schweigen verrottet.

Unter solchen Umständen ist kein Gemeinschaftsgeist möglich. Wir alle sitzen dort unsere Zeit ab, anstatt die Armee stärker zu machen. Das wissen alle, aber alle schweigen. Uns wurde verboten, über Probleme zu sprechen. Wenn du sagst, dass etwas falschläuft, bist du ein Verräter. Wegen dieser Untätigkeit schliddern wir immer weiter in den Abgrund.

Warum sind wir nicht auf die moderne militärische Wirklichkeit vorbereitet? Das erinnert fatal an 1941.

Bei der modernen Kriegsführung gewinnt man nicht durch eine große unausgebildete Infanterie – Artillerie und Raketenwerfer zermalmen diese Menschenmasse im Handumdrehen. Panzer, Flugzeuge, Schiffe und Raketen sind natürlich gut, aber man muss bedenken, dass der Großteil unseres Geräts veraltet ist und wir nicht genug davon haben. Und das komplizierte System der Neubeschaffung funktioniert überhaupt nicht. Vieles existiert nur auf Papier und in den Berichten.

Für einen Sieg in einem modernen Krieg braucht es eine starke, professionelle, bewegliche, disziplinierte Sturminfanterie. Und die kann es ohne gute Ausbildung, Vorbereitung, Auswahl und starke Motivation nicht geben. Dafür braucht es auch die Möglichkeit von Feedback, um sich über Probleme und Bedürfnisse zu verständigen.

Ich kann mich nicht daran erinnern, dass sich die Offiziere im Krieg auch nur einmal mit einem Problem auseinandergesetzt und Soldaten geführt hätten. Viele haben gesoffen und in vernünftigen Befestigungsanlagen gesessen, während die Soldaten die ganze Drecksarbeit gemacht haben. Genau dort hätten wir euch gebraucht, meine hochverehrten Herren Offiziere. Wir hätten euch als väterliche Kommandeure gebraucht, dort hättet ihr eure Fähigkeiten unter Beweis stellen müssen. Und nicht im Alltag, der aus sinnlosen Appellen, Beschäftigungstherapie und Kleidervorschriften besteht, wo sich ein guter Soldat dadurch auszeichnet, dass er gut rasiert und gehorsam ist. Die einzige Autoritätsperson für uns war der gefallene Bataillonskommandeur.

Ich will damit nicht sagen, dass alle Zeitsoldaten gut und alle Offiziere schlecht sind. Aber es ist doch auffällig, wenn die meisten Soldaten nichts Gutes über die Offiziere zu sagen haben.

Es ist auch nicht in Ordnung, dass die Offiziere auf die Zeitsoldaten herabblicken und sie dementsprechend behandeln. Als hätte so ein Verhalten in unserer Geschichte nicht schon einmal zu einem Aufstand der Matrosen und Soldaten unter einem roten Banner geführt.

Im Augenblick verlassen viele nach der Heimkehr aus dem Krieg die Armee mit negativen Erfahrungen.

Jeder weiß, dass nicht alle Familien Entschädigungen für ihre gefallenen Angehörigen bekommen haben. Soldaten werden einfach als vermisst gelistet, selbst wenn Kameraden bezeugen, dass sie deren Tod mitangesehen haben. Die Auszeichnungen gehen nicht immer an die, die sie verdienen. Ich glaube, aus meinem Regiment wurde überhaupt keiner ausgezeichnet, zumindest keiner von den Lebenden.

Sobald ich aus dem Militärkrankenhaus raus war und wieder Zugang zu Telefon und Internet hatte, verschlang ich jede Information über den Krieg, die ich finden konnte.

Unsere Staatsmedien verbreiteten stoisch Schwachsinn über irgendeine Parallelwelt. In Russland leben in der Tat unfassbar viele Menschen, die gar nichts über die Geschichte, Geographie oder politische Ordnung ihres Landes wissen. Menschen, die dem Land nichts gegeben haben und das auch nicht tun wollen. Menschen, wegen denen wir jetzt sind, wo wir sind. Aber auch solche »Bürger« urteilen gern über »Politik«. Sie verkünden: »Wir können das wiederholen« – dann tut es doch, warum seid ihr nicht an der Front? Oder: »Nawalny ist eine Schwuchtel und ein ausländischer Agent.« Scheiß doch drauf, wessen Agent er ist. Er hat uns haarklein erklärt, welcher Abgeordnete wie viel (von dir und mir) geklaut hat. Aber anstatt dass das ganze Land geschlossen eine unabhängige Untersuchung fordert, damit diese Abgeordneten entweder bestraft werden oder ihre Unschuld bewiesen wird, verhalten wir uns wie Plebejer. Kein Wunder, dass sich prinzipienlose Menschen gefunden und die gesamte Macht an sich gerissen haben. Denn Plebejer gehen keine Risiken ein und treffen keine eigenen Entscheidungen – das macht jemand anderes für sie.

Blogger und YouTube-Stars faseln davon, dass sie sich schämten, Russen zu sein; dass sie sich für Putins Armee schämen. Verfluchte Dummschwätzer! Während wir dort, ohne zu wissen, wofür, Dinge aushalten, die sich ein Zivilist gar nicht vorstellen kann, während wir verwundet werden und sterben, nennen sie uns »Putins Armee«! Wir sind nicht Putins Armee! Wir sind Russlands Armee und haben dem russischen Volk unseren Eid geschworen. Und auch du, der du einen Pass der Russischen Föderation besitzt, bist Russland! Wenn du nicht die Eier hast, von der Regierung zu verlangen, diesen Krieg zu stoppen, geht diese ganze Scheiße auch auf deine Kappe.

Du kannst eh nichts ändern? Warst du wählen? Hast du je Bullen geschmiert? Deinen Uniabschluss gekauft? War dir nicht bewusst, dass dadurch die rechtsstaatliche Ordnung verrottet? Wir alle, Millionen von Bürgern, haben in den letzten Jahren gleichgültig dabei zugesehen, wie unser Land zerfällt.

Russland ist nicht Putin. Russland besteht aus den Menschen mit einem Pass der Russischen Föderation. Und du sagst, du schämst dich für uns? Wo warst du, als wir verkrüppelt und getötet wurden? Wo? Du hattest Angst um deinen bequemen Alltag. Angst, auf die Straße zu gehen und »Nein zum Krieg!« zu rufen, wofür du gerade mal ein Bußgeld riskiert hättest.

Ich verrate dir was: Nicht einmal die OMON, die die Leute bei den Demos knüppeln, wollen in diesen Krieg, wo ihnen Frauen und Alte ins Gesicht schreien, sie seien »Besatzer«. Viele von ihnen wollen nichts damit zu tun haben.

Die meisten Soldaten wollen niemanden töten, und erst recht wollen sie keinen Krieg. Aber wir können auch nicht einfach die Waffe hinschmeißen und abhauen. Wir sind alle Opfer von vielerlei Faktoren: Patriotismus, Rache, Pflicht, Geld, Karriere, Angst vor dem Staat.

»Нет войне! – Nein zum Krieg!« – das sind einfache, klare Worte, die, wenn sie laut genug gesagt werden, alles Mögliche aufhalten können.

Als ich wieder in Russland war, kämpfte ich mit einer Mischung aus seltsamen Gefühlen. Ich bin gegen den Krieg, mir tut das ukrainische Volk leid. Und gleichzeitig sehnte ich mich zurück, denn das wahre Leben eröffnet sich dir nur im Angesicht des Todes, wenn du begreifst, dass es jeden Moment vorbei sein kann. Erst dann wird dir bewusst, was das Leben ist und wie wundervoll die Welt ist.

Hinzu kam, dass ich mich schämte, in Sicherheit zu sein, während andere ihr Leben riskierten.

Ich finde, wir sind zu weit gegangen. Unser Ziel lautete nicht, die Volksrepubliken Donezk und Lugansk anzugliedern, wir haben einen schrecklichen Krieg vom Zaun gebrochen. Einen Krieg, in dem Städte zerstört, Kinder, Frauen und Alte getötet werden. Die russische Armee hat der ganzen Welt gezeigt, in welchem Zustand sie ist, aber die ukrainische Armee hat nicht weniger Verluste als die russische. In dem Land, wo so viele von uns Verwandte haben, sterben auf beiden Seiten Soldaten und Zivilisten, die zur falschen Zeit am falschen Ort sind.

Jahrtausende der Geschichte lehren uns, dass Kriege sinnlos sind, aber es geht nicht in unsere Köpfe. So verrückt das manchem auch vorkommen mag, aber ich sehe nur einen Ausweg: Wir müssen anfangen, einander zu vergeben. Rache und Hass verschlimmern die Lage nur von Tag zu Tag. Wenn wir es nicht schaffen, uns auf gesellschaftlicher Ebene die Hände zu reichen, werden wir einander am Ende noch vernichten. Es heißt, die Ukrainer folterten unsere Soldaten und schnitten ihnen die Genitalien ab. Und unsere Soldaten würden Städte beschießen, in denen Frauen und Kinder sterben. Die Propaganda beider Seiten gießt Öl ins Feuer und ruft uns unverhohlen dazu auf, einander zu töten.

Wenn wir Russen nicht anfangen, über den Krieg zu reden, würde es mich nicht überraschen, wenn es irgendwann zum Einsatz von Atomwaffen kommt. Alles liegt in den Händen unserer Völker, nicht der Regierungen. Die Regierungen sind die Vertretungen der Völker. Solange das Volk die Regierung nicht unmissverständlich wissen lässt, dass es keinen Krieg will, wird das gegenseitige Töten weitergehen.

Ich habe unzählige Menschen getroffen, die gegen den Krieg sind, und ein paar wenige, die sagen, dass wir wahrscheinlich keine Wahl hatten – aber keinen einzigen, der gesagt hätte, dass er losgehen und töten möchte. Warum dauert der Krieg dann noch an?! Ich möchte, Gott bewahre, niemanden auf die Barrikaden rufen – das führt nur zu noch mehr Blutvergießen. Jetzt ist die Zeit, in der wir die Wahrheit sagen müssen. Und die Wahrheit ist, dass die Mehrheit in Russland und in der Ukraine einander nicht umbringen möchte. Aber so lange diese Mehrheit schweigt, werden immer mehr Unschuldige in diesen Krieg hineingezogen. Mit jedem weiteren Tag, den dieser Wahnsinn andauert, gibt es mehr

Tote auf beiden Seiten – und mehr Hass wegen der Gefallenen.

Wer hat das moralische Recht, einen Krieg zu beginnen, in dem Tausende Bürger des eigenen und des anderen Landes sterben? Die Bevölkerung in unserem Land wird immer älter. Überall sind Rentner und Kranke, und wir brechen einen Krieg vom Zaun, in den junge und gesunde Männer ziehen, die auf die Propaganda reingefallen sind. Ich schäme mich für die Offiziere und Befehlshaber, die ihr Gewissen gegen Renten, Ränge und Auszeichnungen eingetauscht haben.

Wie selten sind doch Offiziere, die ihre Männer motivieren und in einen Angriff führen können. Wie selten Offiziere, die bereit sind, einen Soldaten mit dem eigenen Körper zu decken, um später davon zu profitieren, dass jener das Gleiche tut. Aber die heutigen Offiziere kennen sich nur mit Papierkram und Arschkriecherei aus. Dabei sollte jeder von ihnen ein Vorbild sein, dem die Soldaten gerne folgen!

Ich schäme mich für die Regierungen auf allen Ebenen, von der Hauptstadt bis zum Dorf!

Ich schäme mich für die Lehrer, die Wahlen gefälscht haben!

Ich schäme mich für die Ärzte, die aus Profitgier das Gesundheitssystem ruiniert haben!

Ich schäme mich für die Polizei, die in Korruption versinkt! Wenn man wirklich mal die Hilfe der Polizei braucht, ist es unmöglich, sie zu bekommen. Dabei habe ich nicht die geringsten Zweifel, dass ein Großteil der Polizisten zur Polizei gegangen ist, um Menschen zu schützen.

Warum sind unsere Gerichte die Verkörperung von Ungerechtigkeit? Ich kann mir nicht vorstellen, dass die meisten Richter diesen Beruf nur aus Profitgier gewählt haben und nicht, um Recht zu sprechen. Ich kann mir nicht vorstellen, dass die Leute in der Staatsanwaltschaft das Gesetz mit Füßen treten wollen. Warum sind in der Duma keine Vertreter des Volkes?

Ich schäme mich für unser Volk, das alle Probleme verdrängt in der Hoffnung, selbst verschont zu werden. Kapiert ihr nicht, dass es uns alle betrifft? Mit jedem Jahr verwandelt man uns immer mehr in Sklaven. Wenn du nicht willst, wirst du gezwungen. Wenn du dagegen bist, wirst du bald dafür sein. Wenn es dir nicht passt, sperren wir dich ein.

Ich schäme mich für mich selbst, weil ich es nicht ändern kann oder nicht weiß, wie.

Aber das Allerschlimmste ist der Zustand der wichtigsten Staatseinrichtung: der Armee. Kein Land auf der Welt ist ohne eine Armee entstanden. Die Armee ist das Land! Die Armee ist das Gesicht des Volkes! Die Armee sind die Menschen, die im Falle eines Angriffs die Landesgrenzen mit ihren Leben verteidigen! Niemand von uns will ein Besatzer sein. Das sind nicht die Ideale, mit denen wir aufgewachsen sind. Wir alle wollten Beschützer sein, und jetzt hat man Besatzer aus uns gemacht!

In unserem Land wurde die Armee ruiniert. Die meisten Menschen, die in diesem System Einfluss, Geld und Macht haben, schicken ihre Kinder nicht zum Militär. Und wenn Eltern ihre Kinder nicht zum Militär schicken wollen, dann steht es schlecht darum. Es kommt mir sehr verdächtig vor, dass unsere Streitkräfte so planmäßig zerstört wurden, während man der Bevölkerung im Fernsehen das Gegenteil verkündete. Gleichzeitig versuchte man uns einzubläuen, dass unsere größten Feinde die NATO und die Ukraine sind. Und am Ende, als man die Armee komplett zerstört hatte, fing man einen Krieg an.

Selbst wenn wir irgendwann, nach vielen Schlachten, die gesamte Ukraine einnehmen würden – was, zum Teufel, wollen wir mit ihr? Und wie viele Millionen Menschenleben wollen wir dafür vernichten? Und wie bitterarm wird unser Land dann sein?

Wir werden ein Volk sein, gebeutelt von Krieg und Armut. Wenn auch beim Letzten ankommt, wie furchtbar Krieg ist, wenn wir hungern, wenn der Staat bankrott ist und die Gehälter ausbleiben, dann kapieren es alle, aber dann wird es zu spät sein. Russland wird zerfallen, und es werden nette Onkel aus dem Westen kommen, mit denen man den Kindern früher Angst gemacht hat, oder die Chinesen, und uns die helfende Hand im Tausch für unsere Gebiete und Rohstoffe reichen. Wenn das ausgemergelte Volk wieder einmal nichts zu fressen haben wird, wenn es keine Armee zu seiner Verteidigung haben wird, dann wird es endlich seine imperialen Ambitionen vergessen und zu allen Kompromissen bereit sein. Es gibt kein Imperium, das die Geschichte überdauert, jedes Imperium fällt früher oder später, und wir gehen gerade den Weg von Byzanz. Wir brauchen kein Imperium, wir brauchen ein normales, freies, gerechtes und modernes Land, in dem man leben, lieben, arbeiten und sich weiterentwickeln kann.

Ich glaube an Gott, aber ich sehe ihn nicht in unserer Kirche, die das wichtigste aller Gebote vergessen hat: Du sollst nicht töten. Sie erteilt uns ihren Segen für den Mord an unseren orthodoxen Brüdern. Ich kann es immer noch nicht fassen. Ich möchte nicht wie der rote Kosak und Schlächter Kotschubej sein, ich möchte wie der friedfertige Mönch Pereswet sein. Mein Herz, mein Gewissen und meine Erziehung sagen mir, dass Mord nur zulässig ist, wenn ich mein eigenes oder das Leben eines anderen rette oder mein Land vor einem Angreifer verteidige.

Ein Oberstleutnant und Freund meines verstorbenen Vaters sagte mal zu mir: »Pawel, ich bin ein Sandkorn in diesem System und du ein Staubkorn.« Dann bin ich eben ein Staubkorn und dazu verdammt, in einem russischen Gefängnis zu verrotten, aber ich werde nicht schweigen! Mein Gewissen sagt mir, dass ich das Richtige tue, denn ich verachte dieses kaputte System mit meinem ganzen Wesen!

Die große Masse in Russland lehnt sich zurück und wartet listig ab, weil sie meint, es ginge sie einen Scheiß an. Sie sind unzufrieden und verstehen, dass alles immer schlimmer wird, aber sie unternehmen nichts, sondern sagen: Sollen doch die anderen was machen, ich warte lieber ab und schaue, wer gewinnt – »die Idioten, die sich schämen, Russen zu sein« oder »die Wahnsinnigen mit einem Z auf ihren Autos«, den Siegern schließe ich mich dann an. Meistens führen solche »Bürger« als Entschuldigung für ihr Nichtstun an, es hänge sowieso nicht von ihnen ab, oder sie hätten »Frau und Kinder«. Eben drum! Ihr habt Kinder! Wollt ihr wirklich, dass sie in diesem Land leben? Welche Zukunft wollt ihr denn für sie?

Aus meiner Sicht ist diese Regierung entweder absolut unfähig oder selbst ein »Agent des Westens«, dessen Ziel die Zerstörung Russlands ist. Mein Lieblingsbuch ist *Der stille Don*. Wie sehr wünsche ich mir, dass sich diese Geschichte nicht wiederholt, aber die da oben tun alles, um sie zu wiederholen. Ringsum sind sehr viele Menschen, denen es nicht passt, was gerade passiert, aber man hat sie eingeschüchtert und ihnen das Maul gestopft. Wobei das nicht selten Menschen machen, die selbst unzufrieden sind, aber, weil es das Schicksal so wollte, Teil der Exekutive sind.

Ich habe irgendwann mal für meine Allgemeinbildung die *Bhagavad Gita* gelesen und gerade das Gefühl, dass alles, was darin prophezeit wird, uns jetzt umgibt. Ein großes Land versinkt in Lügen, Betrug und falschen Werten. Riesige Gebiete bleiben ungenutzt, das Ökosystem kollabiert, wegen Armut versinkt das Volk in Sünde, während alles Geld bei prinzipienlosen Menschen ist, die sich verkauft haben. Alle Bereiche des Staates sind verkümmert: die Verteidigung, das Gesundheitswesen, das Rechtssystem, die Agrarwirtschaft, die Produktion und Industrie, die Raumfahrt, der militärisch-industrielle Komplex, der Sport, die Kultur. Der Status eines Bürgers hat an Wert verloren. Und das alles habe ich nicht aus dem Internet, das sehe ich täglich und überall mit eigenen Augen. Aus einem Siegervolk wurde ein Besatzervolk und ein Aggressor! Offensichtlich ist die Zeit gekommen, in der sich das Volk für seine Untätigkeit und Ignoranz verantworten muss.

Die Menschen, die bei uns an der Macht sind, waren nicht bei der Armee und wissen nicht, was es heißt, bereit zu sein, seine Gesundheit und sein Leben für das eigene Land und ein kümmerliches Gehalt zu opfern. Sie wissen nicht, was es heißt, von 30 000 bis 50 000 im Monat zu leben, was es heißt, sich kaum etwas leisten zu können. Patriotismus gibt es im Volk eigentlich kaum noch, aber im Krieg erinnerst du dich wieder an die Heldentaten deiner Vorfahren, die gegen die stärksten Eroberer der Welt gesiegt haben: die Mongolen, Napoleons Frankreich und Hitlerdeutschland; an die großen Vorfahren, die ihre Leben geopfert haben, damit wir heute im größten Land der Welt leben können, das über die größten Rohstoffreserven verfügt.

Warum müssen ich und die anderen Jungs heute sterben, so wie sicherlich Tausende vor mir in Afghanistan, Tschetschenien, Dagestan, Jugoslawien, Bergkarabach, Georgien, Syrien und vielen anderen Gebieten? Es wird sich ja keiner an uns erinnern, wenn wir tot sind.

Ich bin es so leid, den Wahnsinn in meinem Land mitanzusehen, dass mir mittlerweile alles egal ist. Sperrt mich doch lebenslang ein, ich will das alles nicht mehr sehen.

Ich bin kein Sklave! Ich bin kein Feigling! Ich bin Patriot! Es tut mir leid, dass mein Schicksal sich so gefügt hat! Mir tut das ukrainische Volk leid, mein Brudervolk! Und wir Russen? Werden regiert und bestohlen von prinzipienlosen Menschen! Mein Urgroßvater hat für dieses Land gekämpft und wurde später nach Sibirien verbannt! Mein Vater ist früh gestorben, weil er seine Gesundheit diesem Land geopfert hat und hat dafür nicht einmal vernünftige medizinische Versorgung bekommen! Auch ich bekomme, wie so viele Heimkehrer aus dem Ukrainekrieg, keine medizinische Versorgung und muss meine Behandlung und die Medikamente selbst bezahlen. Wer glaubt noch an Gerechtigkeit und irgendwelche Versprechungen in diesem Land?

Mir ist klar, dass mich dieses System für das, was ich hier

geschrieben habe, am liebsten mit einem Haufen Scheiße in einen Topf werfen und mich in das abgelegenste Gefängnis überhaupt stecken würde. Aber ich werde trotzdem nicht schweigen, ich bin kein Feigling, ich war noch nie einer.

Ich habe in der Ukraine gekämpft. Ich kann unsere Armee nicht nach Hause zurückholen, aber ich kann von meiner Erfahrung erzählen, meine Gedanken über die Teilnahme an diesem Krieg teilen und meine Mitbürger dazu aufrufen, nicht weiter Krieg zu führen und sich um ihr eigenes Land zu kümmern, in dem es genug Probleme gibt.

Wer hat die Unterstützung der Regierung bei der Entscheidung, einen Krieg zu beginnen, mit der Unterstützung der eigenen Armee, die diesen Scheiß ausführen muss, gleichgesetzt? Trotz all der Ungerechtigkeiten mir gegenüber liebe ich meine Armee und werde den Tod meiner Kameraden nicht vergessen. Die meisten von ihnen waren noch jung und bereit, sich für ihr Land zu opfern.

Es ließe sich sicher eine Rechtfertigung für das Handeln dieser Regierung finden. Sie hat jeglichen Bezug zur Realität verloren, auch weil das Volk Angst hat, seine Meinung nicht äußert und auf die Politik keinen Einfluss nehmen will. Es ist ein Teufelskreis. Wir tragen alle Schuld. Aber wir müssen unsere Schlüsse ziehen. Wir müssen uns bessern. Wo ist die Weite der russischen Seele? Wo sind unsere Güte und unser Geist? Ich kann nicht glauben, dass wir alle jetzt wieder Bauerntölpel sind. Dabei haben unsere Vorfahren so viel Blut für unsere Freiheit vergossen.

Vielleicht ändert es nichts, aber ich werde mich nicht länger an diesem Irrsinn beteiligen. Moralisch wäre es einfacher, wenn die Ukraine uns angegriffen hätte, aber die Wahrheit ist, dass wir sie ohne jeden Grund angegriffen haben.

Ich schreibe diese Aufzeichnungen, während ich mich in Russland befinde. Wieder und wieder kehre ich in Gedanken zu den zwei Monaten in der Ukraine zurück. Ich frage mich, was ich dort gemacht habe und wozu. Und wieder und wieder erklingt in meinem Kopf der Song »Wrong Side of Heaven« der Band Five Finger Death Punch. Ich stelle mir vor, vor Gott Rechenschaft abzulegen über mein irdisches Tun, und mir wird klar, dass ich nicht auf der anderen Seite des Paradieses, die man Hölle nennt, stehen möchte.

Bei der Wahl zwischen einem Urteil eines Gerichts der Russischen Föderation oder Gottes ist die Entscheidung nicht schwer. Soll die Regierung mich doch einen Feigling nennen, soll sie mich für immer verbannen, aber ich möchte mich nicht vor Gott stellen und ihm erklären müssen, wie ich aus Kleinmut und wohlwissend, dass es falsch war, weiter am Krieg teilgenommen habe, nur weil ich Angst hatte, verurteilt zu werden.

Ich weiß, dass dieses Buch, diese Friedensgeste, mich teuer zu stehen kommen wird, aber ich kann mein Gewissen nicht zum Schweigen bringen. Sicher wird mich ein »gerechtes« russisches Gericht schon bald zu lebenslanger Haft verurteilen. Man wird erzählen, ich sei gekauft worden, ein »Agent des Westens«. Aber ich kann nicht länger bloß zusehen.

Ich hatte keine Angst, als ich in der Ukraine war, es hat mich nur unendlich geärgert, dass ich nichts ändern konnte. Doch komischerweise habe ich jetzt Angst, diesen Text in meinem Land zu veröffentlichen, zu sagen, was ich denke.

Denn hier ist es mittlerweile verboten, die Wahrheit zu sagen und für seine Rechte einzustehen. Hier darf man nur in den Krieg ziehen, um für noch immer nicht klar definierte Ziele zu sterben, oder dies alles erdulden in der Hoffnung auf eine bessere Zukunft, die in immer weitere Ferne rückt.

NEIN ZUM KRIEG!
НЕТ ВОЙНЕ!

DANKSAGUNG

Auf Russisch ist dieses Buch im Internet frei zugänglich. Ich will mit der Wahrheit über den Ukrainekrieg meinen Mitbürgern die Augen öffnen. Einen Monat nachdem *ZOV* auf YouTube als Hörbuch veröffentlicht worden war, haben es bereits über eine halbe Million Menschen gehört. In letzter Zeit weigern sich immer mehr Russen, in den Krieg zu ziehen, und ich bin mir sicher, dass dies auch ein Verdienst von *ZOV* ist.

Ich möchte den Menschen danken, die auch eine Veröffentlichung im Ausland ermöglicht haben.

Wladimir Ossetschkin, Denis Pschenitschny, Sergej Saweljew von der New Dissidents Foundation. Ohne sie wäre ich immer noch in Russland und einer der unzähligen politischen Gefangenen.

Meiner Literaturagentin Xenija Zerkowskaja von der Deborah Harris Agency, die mir trotz aller Risiken, die mit dem schwierigen Thema des Krieges einhergehen, bereits in Moskau, wenige Tage vor meiner Flucht aus Russland, eine Zusammenarbeit angeboten hat.

Meiner Anwältin Kamalia Mehtiyeva von Barbier Mehtiyeva Law, die mich in Frankreich pro bono juristisch begleitet hat.

Ein besonderer Dank gilt meinen Übersetzern und meinen

Verlagen in Frankreich, Deutschland, Großbritannien, den USA, Brasilien, Dänemark, Ungarn, Spanien, den Niederlanden, Norwegen, Polen, Rumänien, der Slowakei, Finnland und Estland.

Ich danke meinen vielen Mitbürgern und den Bürgern der Ukraine, die mich moralisch und finanziell unterstützt haben, damit ich am Leben bleiben und die für die russische Regierung unbequeme Wahrheit über den Krieg sagen kann.

Und auf ewig stehe ich in der Schuld des Volkes und der Regierung Frankreichs, die eine liberale, demokratische Gesellschaft errichtet haben, in der die unabdingbaren Prinzipien der Freiheit und die Rechtsprechung verteidigt werden, und die mir politisches Asyl gewährt haben.

DER AUTOR

Pawel Filatjew wurde 1988 in Wolgodonsk, Russland, geboren. Als er volljährig war, trat er in die russische Armee ein und diente drei Jahre lang. Danach studierte er Geschichte auf Lehramt und arbeitete als Pferdezüchter. Mit Beginn der Coronapandemie meldete er sich erneut als Fallschirmjäger. Im Februar 2022 nahm er an der russischen Invasion der Ukraine teil. Heute lebt er an einem unbekannten Ort in Frankreich.

DIE ÜBERSETZERIN

Maria Rajer wurde 1987 in Ust-Kamenogorsk, Kasachstan, geboren und immigrierte 1996 nach Deutschland. Sie studierte Slawistik und Germanistik an der Staatlichen Universität Sankt Petersburg und der Humboldt-Universität zu Berlin. Seit 2013 arbeitet sie als Übersetzerin aus dem Russischen. Zu den von ihr übersetzten Autorinnen und Autoren gehören Mascha Alechina, Dmitri Gluchowski, Mikita Franko, Wassili Grossman, Viktor Mazin und Andrej Platonow.